阪神VS巨人
「大阪」VS「東京」の代理戦争

橋木俊詔

潮新書
036

潮出版社

まえがき

阪神タイガースと読売ジャイアンツ（巨人）はライバル関係にある球団とされ、阪神対巨人の試合は「伝統の一戦」とみなされて、両チームの試合は選手のみならず、ファンも大きな関心を持って熱烈な応戦合戦を繰り広げる。両チームの本拠地は大阪（厳密には甲子園球場のある兵庫県の西宮市）と東京であり、両都市もライバル関係にある。ところが大阪と甲子園は電車で20数分の距離なのでとても近く、両者はほぼ同じ地域にあると言ってもさしつかえない。今は大阪が東京より明らかな劣位なので厳密には過去はライバルであったと言った方がより正しい。阪神と巨人という野球チームのライバル関係をシンボルとして、野球以外の様々な事象におけるライバル関係を大いに論じるのが本書の目的である。

意外と皆の言及しない点であるが、本書では阪神と巨人の野球のこれまでの戦績を評価すれば、巨人の方がはるかに強かったことを、具体的に示す。それは優勝回数のみならず、セリーグにおける過去の順位を比較しても明らかであるし、両チームの直接対決の戦績でも、阪神は巨人に対して負け越している。

このように2つのチームの間で、どちらかが強ければ本来ならば真のライバル関係にはならないかもしれない。ところが現実には阪神と巨人がライバル関係にあるとみなさない人はほとんどいないし、常に伝統の一戦と称されてきたことがそれを物語っている。

ここで巨人と阪神の特色をいくつか指摘してみよう。第1に、巨人が日本のプロ野球チームとして最初に創設された最古球団であるし、阪神は巨人に次いで2番目に創設された古手である。老舗球団としての歴史を誇る2チームだけに、歴史の重さのあることから長期間にわたっての人気球団である。

第2に、一つ忘れてならない事実は、巨人と阪神がセントラルリーグという同一リーグに属しているので、試合数の多いことによって人々の関心度を高めるところがあった。2リーグ分裂時にセパの異なるリーグに属させなかった昔の野球界の総意は、巨人と阪神のライバル関係を保持したかったのであろう。

第3に、この長期間を平均すると阪神の方が巨人よりも弱かったのであるが、順位でいうと巨人が1位で阪神が2位という時代が多かった。野球界全体のみならず他の分野においても評価すると、第1位と第2位の組織は必然的にお互いに相手をライバルと意識することは多い。巨人と阪神は双方ともに強い球団だけに両チームとも人気は高く、観客動員数も多いし、マスコミで取り上げられることも多く、両チームは球界の屋台骨を支えるプロ球団となったことも大きい。

第4に、これは野球界のみならず人間社会のあらゆる分野での第1位と第2位は、お互いにライバル関係を強く意識する。例を挙げよう。まずは学校がそうである。国立大学の東大と京大、私立大学の早稲田と慶應義塾、宮城県における高校野球の東北高校と仙台育英、商社における三井物産と三菱商事、など、枚挙にいとまがない。ライバルに対してはむき出しの闘争心をお互いに抱くのは世の常である。

巨人と阪神に関連して、特に重要なライバルは経済の話題である。大阪と東京は、江戸時代では大坂は浪速《なにわ》と呼ばれて日本の台所として繁栄していたし、江戸にそう引けを取らなかった。明治以降になると首都が移ったので、東京が政治の中心になったこともあって、確かに東京の経済はますます強くなり、経済格差は拡大した。でも東京の第1位、大阪の第2位には変わりはなかった。現代になると東京一極集中がさらに目立つようになり、経済における東京(関東)と大阪(関西)の格差には大きなものがある。

ライバル関係に関して、ここで重要なことを指摘したい。それは第2位は、第1位に対して格別の強いライバル意識を抱くという事実である。敵愾心とまではいわないが、なんとか第1位に追い付きたいと強烈な意識を持つのが人情である。さらに負けていることの悔しさも格別で、第2位は必死に努力する。まわりの応援者もそうである。一方で第1位はどんと構えていて、王者の貫録よろしくあたふたせずに、傍観者の態度を示すこともある。

野球での阪神ファンが、巨人ファンに抱く感情はここで述べた特質が該当するのである。経済の豊かさにおいても大阪は東京に負けていることがとても悔しく、巨人戦に対して阪神を強烈に応援するのである。しかし、弱いので負けることが多いが、たまに勝ったときには溜飲を下げるのである。一方の巨人ファンはたまに巨人が阪神に負けることがあっても、そう悔しがらないのである。シーズンで優勝するのは結局は巨人だ、と鷹揚に構えている。

阪神と巨人というチーム同士のライバル意識に加えて、選手同士の間にも大変なライバル意識があるので、それをかなり詳しく検討する。代表的には古い時代における沢村栄治対景浦將《かげうらまさる》、戦後になってからの川上哲治《てつはる》対藤村富美男《ふみお》、長嶋茂雄・王貞治対小山正明・村山実《みのる》・江夏豊、江川卓《すぐる》対掛布雅之などのライバルは両チームのファンのみならず、野球ファン全員を熱狂させたのである。これらの選手はライバル選手との直接対決になると、目の色を変えて投げたり打ったりしたのである。

プロ野球界を騒然とさせた事件として「江川事件」がある。この両チームがこの事件に直接関与したので、日本社会全体を揺るがす大騒動となった。副産物として阪神（元巨人）の小林繁《しげる》投手と巨人の江川投手という投手同士の後日談としてのライバルも、投手対打者というライバル関係とは異なる興味がある。

経済学者の筆者としては、阪神と巨人という人気は球団の親会社や球団経営方式の比較にも当然関心がある。実は親会社は阪神が電鉄会社、巨人が新聞社なので、球団の管理方式がかなり異なるのであり、そのあたりの妙味を書いてみたので、じっくり味わってほしい。

阪神（大阪）と巨人（東京）に関連して、両チームと両地域には様々なライバル関係が思い浮かぶ。突拍子もないことかもしれないが、大学におけるライバル関係（東大対京大、早慶両大学）が付随していることを示す。

さらにお笑い系（漫才や落語）においても東西では、両地域の文化の違いを反映して、種々の興味深い差を指摘することが可能である。例えば、なぜ大阪では漫才が人気があり、東京では落語が好まれるのであろうか、などである。漫才や落語を題材にして、どういう人が東西で出てきたかを記してみた。

スポーツの話題に戻せば、世界中においてライバルチーム（時にはダービーマッチとも称される）の存在があり、それは野球、サッカー、バスケットボールなど様々である。代表例はスペインのサッカーチームのレアル・マドリードとFCバルセロナである。これらライバルチームを世界と日本において具体的に様々列挙して、人々がいかに興奮してひいきのチームを応援するようになった姿を描写した。

そこにはプロチームだけのスポーツでのライバル関係のみならず、背後にある歴史的な経緯、経済上のライバル、文化・言語などのライバル関係があることの秘密をぜひ知ってほしい。阪神と巨人のライバル関係も、実は世界におけるライバルチームにおける歴史、文化、経済など種々のライバル関係と、密接に結びついていることを知ってほしい。

阪神vs巨人は両チーム間、大阪と東京の人々のみならず、やや誇張すれば東京一極集中への批判という意味まで含んだ興味深いライバル関係である。このライバル関係が健全に発展すれば、プロ野球全体の発展にも貢献するものと期待できる。

まえがき　3
目次　9

第1章　どうして「阪神vs巨人」が伝統の一戦になったか　13

1　巨人と阪神の歴史　14
プロ野球は巨人と阪神から始まった／職業野球は沢村（巨人）が投げ、景浦（阪神）が打って始まった／戦後の2リーグ制／甲子園球場と後楽園球場（そして東京ドーム）

2　巨人と阪神の成績　31
順位で評価すると圧倒的に巨人の優位と阪神の劣位／巨人と阪神の直接対決／川上哲治（1920〈大正9〉年〜2013〈平成25〉年）／最強のV9／最強巨人の頃の阪神／阪神の選手列伝

第2章　選手間のライバルと有名選手の軌跡　55

1　長嶋・王vs小山・村山・江夏　56
長嶋茂雄（1936〈昭和11〉年〜）／王貞治（1940〈昭和15〉年〜）／小山正明（193

4〈昭和9〉年〜）／村山実（1936〈昭和11〉年〜1998〈平成10〉年）／江夏豊（194
8〈昭和23〉年〜）

2　江川 vs 掛布、そして外国人選手たち　73
江川卓（1955〈昭和30〉年〜）vs 小林繁（1952〈昭和27〉年〜2010〈平成22〉年）／
江川卓 vs 掛布雅之（1955〈昭和30〉年〜）／外国人選手列伝：クロマティ、バース、
ジョンソン、グリーンウェル／有名選手列伝

第3章　経営と労働としての評価　87
東西の経済力比較／親会社の違い：新聞社と鉄道会社／プロ野球の経営形態／ソフ
トバンクの隆盛と東京一極集中の弊害／巨人と阪神の収益状況／東京ドームと甲子
園／最近3年間の巨人と阪神の戦績／クライマックスシリーズ改革私案／阪神の補
強策

第4章　「阪神 vs 巨人」は大阪（関西）と東京（関東）の代理戦争　119
歴史的な経過／読売新聞 vs 朝日新聞／東大 vs 京大／「慶應」の巨人と「早稲田」の

阪神／大阪（関西）と東京（関東）の文化・社会の違い／東京の落語と大阪の漫才／M－1グランプリ優勝者／吉本興業の功罪／大阪が抱える東京への「敵愾心」

第5章　これからの阪神vs巨人、大阪vs東京　151

1　世界におけるスポーツのライバル関係　152
ボストン・レッドソックスとニューヨーク・ヤンキース／サンフランシスコ・ジャイアンツとロサンゼルス・ドジャース、サブウェイ・シリーズ／ボストン・セルティックスとロサンゼルス・レイカーズ／レアル・マドリードとFCバルセロナ／JリーグやBリーグのローカル・ダービー

2　阪神と巨人の人気は続くか　165
女性に人気のないプロ野球／プロ野球界繁栄のための改革案／阪神と巨人の人気は保てるか／阪神と巨人のライバル関係は重要である／「阪神vs巨人」は日本社会を活性化

あとがき　182
参考文献　188

第1章

どうして「阪神VS巨人」が伝統の一戦になったか

日本プロ野球の歴史を遡り、
なぜ「阪神VS巨人」が伝統の一戦になったかを明らかにする。
そして現在にいたるまでの両チームの成績を比較する。

1 巨人と阪神の歴史

プロ野球は巨人と阪神から始まった

日本の野球はまずは学生野球から始まった。アメリカのプロ野球の始まったのが1876（明治9）年であるが、その頃の日本は学生野球だけしかなかった。なぜ学生かと言えば、当時学校に教えに来ていた外国人教師（アメリカ人）が野球を学生に教えたからである。なんと一番強かったのが、第一高等学校（現・東京大学）であった。国立の旧制高校なので外国人教師が多くて野球指導の良かったことと、他の学校では野球がまだメジャーなスポーツではなかったからである。

その後学生野球は隆盛を極め、東京六大学リーグや（旧制）中等学校野球の人気が高くなった。特に早慶戦や甲子園球場での全国大会はとても国民の間で人気を博したのであり、これで野球が日本でも根付くようになったのである。この人気がプロ野球の発足を促すのは自然なことであった。

　最初に動いたのは読売新聞の社長であった正力松太郎《しょうりきまつたろう》だった。ここからの記述、そして巨人・阪神など球団の歴史については『日本プロ野球80年史　１９３４-２０１４』（ベースボール・マガジン社、２０１４年）に依拠する。正力の読売新聞社は2度（１９３１〈昭和6〉年と１９３４〈昭和9〉年）にわたりアメリカ大リーグの選抜チームを日本に招いて、日本の社会人選抜チームと試合を行った。そのときに来日した選手にルー・ゲーリック、ベーブ・ルースといった大スターがいて、各地で試合を行い日本人の観衆を大いに喜ばせたのである。

　このときに結成されたチームの選手を中心にして１９３４（昭和9）年に、日本初のプロ球団「大日本東京野球倶楽部」が発足した。そのときのメンバーリストを載せておこう。巨人を代表する選手、沢村栄治、スタルヒン、水原茂（円裕《のぶしげ》）、三原修（脩）、中島治康《はるやす》といった選手の名前がある。これが後に「東京巨人軍」となるのである。このチームは１９３５（昭和10）年におよそ3カ月半もアメリカ各地を旅して、合計１０９試合も交流試合を行ったのである。このときにチームの名称を「ジャイアンツ」と決めたのである。

「東京巨人軍」は他にチームの創設を呼びかけた。まず甲子園球場の中等学校野球大会で味を占めていた阪神が応じて、東京の巨人を意識して「大阪タイガース」という名称でプロ球団をつくった。法政大学のエースだった若林忠志《ただし》、明治大学の強打者だった松木謙治郎などの選手を集めた。ここに、巨人―阪神、ジャイアンツ―タイガース、東京―大阪のライバル関係の起源がある。

その後合計で7球団が結成され、1936（昭和11）年に「日本職業野球連盟」が発足して、プロ野球が正式にスタートしたとみなしてよい。7球団という奇数の球団数の下《もと》、トーナメント方式や総あたり方式、春季と秋季の年2回制などいろいろな形式を用いて、各地で試合を行った。

戦争直前に強かったのが、巨人とタイガースであり、多くの場合で優勝を分け合っていたが、巨人には川上哲治、タイガースには藤村富美男といった強打者がいて、華々しさを誇っていた。プロ野球の始まった頃から、この両チームは強豪チームとして君臨していたが、優勝回数で評価すると、巨人のほうが阪神より強いという時代であり、それが現代まで続くという特色がある。常に巨人は球界の盟主であり、阪神は常に2位という姿は、この頃から既に始まったのである。

職業野球は沢村（巨人）が投げ、景浦（阪神）が打って始まった

設立当初のプロ野球（職業野球と呼ばれていた）のスター選手といえば、巨人の沢村栄治投手（１９１７〈大正６〉年〜１９４４〈昭和19〉年）と大阪タイガース（阪神の旧球団名）の景浦将投手兼野手（１９１５〈大正４〉年〜１９４５〈昭和20〉年）のライバル対決から始まったといっても過言ではない。後の時代になってから、長嶋・王対小山・村山・江夏の対決、江川対掛布など、巨人と阪神は大スターによるライバル関係が生まれるが、沢村対景浦のライバル関係はその先駆けなので、詳しく見ておこう。

生まれは景浦が先なので、彼から始めよう。『大阪タイガース球団史　１９９２年度版』（ベースボール・マガジン社）より彼のことはわかる。松山商業（現・松山商業高校）で野球を始めた景浦は、実は剣道部に所属していたが、「大食漢」と運動神経に恵まれていたので、中学3年（当時の中学校は5年制）から野球部に入ることを勧められた。野球部長の鞍懸琢《くらかけたく》磨《ま》や監督の後藤二郎などがその才能に惚れ込んだのである。

１９３２（昭和7）年の甲子園大会の春の選抜大会で優勝、夏の大会では準優勝であった。投手でありながら打者としても優れていたので、今でいう大谷翔平の「二刀流」のはしり

であった。甲子園での活躍を引き下げて、東京の立教大学に入学し、そこで野球選手として大活躍をする。当時の東京六大学は職業野球よりも人気があったので、景浦の令名は知れ渡ったのである。大学入学時に投手として4勝、1935（昭和10）年の秋のリーグ戦では本塁打王にまでなったので、六大学野球のスター選手であった。

立教大学入学後に松山商業の先輩にあたる森茂雄が大阪タイガースの監督になったので、彼に誘われて入団したのである。契約金3900円、年俸1680円の入団なので、かなりの好条件である。大学まで進学したので職業野球に入団するためらい（当時は職業野球の地位は低かった）はあったが、家業が傾いていたので親を経済的に助ける目的もあって、1936（昭和11）年に大学を中退してプロの世界に入ったのである。

次は沢村である。現代のプロ野球界は「沢村賞」を設けて、先発完投型の速球投手を表彰しており、沢村の名前は偉大な投手として現代まで語り継がれている。野球を京都商業（現・京都学園高校）時代に始めて、甲子園大会にも3度出場した。1934（昭和9）年の夏の大会では1回戦で敗退している。しかし彼の浮き上がる快速球と曲がりの良いカーブは三振を多くとるのにふさわしく、その豪速球と変化球の鋭さは沢村の名前を全国に知らしめるところとなった。

転機は1934（昭和9）年に、既に述べたアメリカ大リーグの選抜チームと日本の選抜チームの試合があったが、そこに沢村は17歳ながら選ばれたのである。日米の実力差は大きく、9戦目まで日本選抜はことごとく敗戦したが、第10戦目に若い沢村が先発したのである。例によって160キロの速球と鋭い変化球で、アメリカのスター選手から三振を奪い続けたのである。8回までを本塁打は主砲のゲーリッグの1本だけに抑えたし、三振も9個奪い、被安打はわずか5であった。試合には0－1で負けたが、沢村の剛球投手ぶりが目立ったのである。

1934（昭和9）年に沢村は京都商業を中退しており、東京ジャイアンツに入団するのは当然の成り行きであった。正力松太郎の尽力した日米対抗野球では日本側の投手であったし、正力のつくったジャイアンツなので入団は自然だったのである。入団時の契約金は300円、年俸は1440円だったので、契約金は阪神の景浦よりかなり低いし、年俸も少し低いが大差はない。なお、アメリカ大リーグは沢村を選手としてスカウトしたい気があったが、本人が乗り気でなかったので消滅したとされる。なお日本人メジャーリーガーの第1号は、南海からサンフランシスコ・ジャイアンツに1964（昭和39）年に移った村上雅則である。

ここからは沢村と景浦のライバル対決が始まるので、両選手を比較しながら並行して記述していく。１９３６（昭和11）年の職業野球の始まった秋のシーズン、沢村は最多勝利の13勝を上げ、プロ野球史上で最初のノーヒットノーランを達成し、巨人は優勝も成し遂げたのである。その後も１９３７（昭和12）年の春は24勝４敗（防御率は０・８１）というものすごい成績であった。

一方の景浦は投手として６勝０敗で最優秀防御率の０・７９という素晴らしい成績であった。また打者としての景浦は、首位打者１回（１９３７〈昭和12〉年秋）、打点王２回（１９３７〈昭和12〉年春、１９３８〈昭和13〉年春）の獲得なので、投打ともにすごい選手としての成績を残したのである。

通算の成績を比較しておこう。沢村は通算５年の在籍で63勝22敗、防御率は１・７４である。日本一の投手成績とはいえないが、途中で応召して軍隊生活を送って肩を壊したりしているので、後半期の成績はもう一つであった。しかし前半期の１９３６（昭和11）年や１９３７（昭和12）年の成績は、それこそ超一級であった。

景浦は打撃成績が１１３４打数で、３０７安打、25本塁打、２２２打点であり、通算打率は０・２７１であった。投手成績は27勝９敗、防御率は１・５７であった。景浦の場合は二刀流として評価せねばならず、投手の成績は沢村より少し劣るが、打撃もすごかったので、沢村と景浦は初期の日本プロ野球を代表する選手である、と結論づけておこう。

二人のライバル関係を象徴する事象を述べる必要がある。１９３６（昭和11）年の秋のリーグ、初年度の日本一を決める３試合の優勝決定戦でそれは起こった。両チームがシーズンは同率で並んだので、雌雄を決する必要があった。それは東京の江東区・洲崎球場で行われた。

巨人は沢村の３連投、タイガースは初戦と第３戦を景浦が先発という、両人は投手としての試合であったが、打者としても優れた景浦が初戦に場外の大ホームランをかっ飛ばしたのである。このホームランは沢村が投げ、景浦が打ったものなので、「職業野球は沢村が投げ、景浦が打って始まった」という語り草の起源となったのである。

このシリーズは結局巨人が勝利したが、その後の巨人対阪神のライバル関係のスタートでもあった。不幸にして、この沢村と景浦はともに太平洋戦争の犠牲となって戦死したのである。

戦後の2リーグ制

戦争中の１９４４～４５（昭和19～20）年にはプロ野球は中止に追い込まれたが、戦後の１９４６（昭和21）年に従来通りの１リーグ制の８チームで試合を再開した。46年は近畿グレートリング（南海の改称名）が優勝、47年は阪神（大阪）の優勝、巨人は珍しく不振で５位、48年は南海の優勝、49年は巨人の優勝であった。

１９５０（昭和25）年からアメリカ大リーグに倣《なら》って２リーグ制（セントラルとパシフィック）となり、セリーグ８球団、特にパリーグは奇数の７球団という奇妙な球団数だったが、その原因にはいろいろあった。２リーグ制反対派と賛成派の対立、新しいチームの参入希望、チームの合併、吸収などの事象が入り乱れた結果であり、プロ野球は混乱の中にあったといっても過言ではない。

この混乱もようやく収まって、１９５８（昭和33）年にセ・パ両リーグがそれぞれ６チームの編成となった。そのチーム編成は２００５（平成17）年のチーム再編成（パリーグにおけるオリックスと楽天の誕生）を経験したが、現在まで12球団体制が続いている。２リーグ制になった時期での画期的な制度導入は、①日本シリーズ、②コミッショナー制、③フランチャイズ制、であった。

特に重要なのは③のフランチャイズ制であり、各チームがホーム球場を持って試合の主催権を保有し、入場収入やテレビの放映権料などの収益をホームチームが受け取れるようにした。これは経済学からも興味ある話題を提供するので、やや詳しく解説しておこう。

これまでの制度であれば、ホームチームとビジターチームの収益は6対4とか7対3といった比率で分配されていたので、平等性に配慮したと理解してよい。しかしそれを10対0に変更するのであるから、人気のあるホームチームの収益は多額になること自明である。観衆動員数は多いし、テレビ（当時はまだなかったが）、ラジオの収入も多くなるのである。この時代の人気チームは既に巨人と阪神だったのであるが、なんと両チームとも別にフランチャイズ制による収益格差の増大に興味を示さず、従来の平等型の「分配制」でかまわないとしていたのである。

なぜそう思っていたのか、筆者の解釈は次の通りである。まず第1に、プロ野球は発展途上の時期であり、少数のチームが大儲けしたり、逆に潰れたりするよりも、プロ野球全体の繁栄と成長を関係者は願っていた。第2に、戦争直後の日本はGHQ（連合国軍総司令部）による制度改革（農地改革、財閥解体、労使協調、平等な教育、民主主義など）によって、国民の間に平等意識の高まりがあり、この社会での特色がプロ野球界にも一定の効果をもたらしていたのであった。

むしろ興味あることは、新規参入チームや不人気チームがフランチャイズ制を望んだと『日本プロ野球80年史』に記述してある。そう望んだ理由として、そういうチームは後に起こるかもしれない人気チームと不人気チームの格差が、それほど大きくならないだろうと予想した。ところが現実にはそれが発生したとしている。これらのチームはきっと自分たちのチームは実力を発揮するようになって、強くて人気のあるチーム、例えば巨人や阪神に肉薄するとの自信があったのであろうと解釈しておこう。

話題を2リーグ制に戻そう。１９６０年からの具体的なチーム名とカッコ内にホーム地域（ないし都市）を記してみよう。

セリーグ：巨人（東京）、阪神（西宮）、中日（名古屋）、大洋→横浜ＤｅＮＡ（川崎→横浜）、国鉄→サンケイ→ヤクルト（東京）、広島（広島）。

パリーグ：西鉄→西武（福岡→埼玉）、南海→ダイエー→ソフトバンク（大阪→福岡）、東映→日本ハム（東京→札幌）、近鉄→オリックス（大阪→大阪）、阪急→オリックス（西宮→大阪）、毎日→東京→ロッテ（東京→千葉）、２００５年に楽天（仙台）が新設。近鉄の選手は一部がオリックスへ、多くが楽天に移ったことを付記しておこう。

ここに挙げたチーム名と本拠地から得られる事実をまとめてみよう。

①人気チームの巨人と阪神がセ・リーグに入ったこと。

②1960年代から80年代に注目すると、セ・リーグの本拠地は東京・神奈川に3チーム、名古屋、西宮（大阪とみなす）、広島にそれぞれ1チームであった。

③1960年代から80年代のパ・リーグでは関東に2チームと関西に3チーム、福岡に1チームがあった。

④現代のパ・リーグでは、関東2チーム、札幌、仙台、大阪、福岡がそれぞれ1チームの分布である。

以上の事実から生じた帰結は次のようになろうか。

①1960年代から80年代にかけて、プロ球団は東京中心の関東、大阪中心の関西に集中していた。地方の人にとってはプロ野球をこの眼で観る機会が少なかった。特に関西ではパ・リーグは3球団に対してセ・リーグは阪神だけだったので、人気球団の阪神の人気度をますます高めた。

②関西に3球団が存在するパ・リーグは観客動員数の減少をもたらし、結局は南海はダイ

エーとしての福岡行き、近鉄の消滅、仙台における楽天の誕生を生んだ。日本ハムの東京から札幌移転を含めて球団の地方分散が進んだ。橘木（2019）はこの地方分散の現象はプロ野球、そしてスポーツ業界全体の発展にとってとても好ましい政策であったと評価している。

③巨人と阪神に注目して評価しておこう。2リーグ制、フランチャイズ制は両チームに有利に作用した。巨人と阪神が同一リーグ内に入ったので両チームの試合数が多くなり、ライバル意識と人気度を高めた。アメリカの大リーグの看板ゲーム、ヤンキースとレッドソックスはアメリカンリーグの東地区に属し、ニューヨークとボストンというライバル都市の球団なのである。巨人と阪神も東京、大阪というライバル都市で同じ姿である。

もう一つの要因としてテレビの放映がある。巨人の試合は系列の日本テレビ放送網において全国で放映され、巨人ファンという人の数を非常に高めた。「なぜ巨人ファンなのですか」という質問に対して「巨人しかテレビの放映がなかった」という回答者の数が一昔前はなんと多かったことか。

甲子園球場と後楽園球場（そして東京ドーム）

巨人と阪神を語るには、ここで挙げた両球場を避けて通れない。両球場の歴史については、洋泉社編集部（2014）に依拠する。

まずは先にあった甲子園から始めよう。1924（大正13）年に甲子園球場は誕生した。中等学校野球大会の人気に応じるため大観衆（5万人）を収容できる球場を阪神電鉄が建設し、1936（昭和11）年に誕生した。プロチーム「大阪タイガース」の本拠地となった広い球場として有名であるが、戦後の一時期はホームランの数を増加させるため、外野に「ラッキーゾーン」を設けたこともあった。

高校球児にとっては甲子園球場は憧れの聖地であり、甲子園で野球をしたい球児は、プロチームとして阪神入団を希望する人もいる。代表例として巨人のホームランバッターだった松井秀喜《ひでき》（後にニューヨーク・ヤンキース）がいる。当時阪神の4番バッターだったミスター・タイガースの掛布雅之選手に松井が憧れていたのが主たる理由であるが、阪神ファンであったことも事実だった。

甲子園は大阪駅から阪神電車に乗って行くのであるが、阪神が勝利した日の甲子園駅からの電車内は、全国的に一番よく知られた応援歌「六甲おろし」を歌い続ける興奮の中にいる。同じ電車に乗った負けチームのファンにとっては聞きたくない騒音にすぎなかった。

巨人との関係でいえば、珍しく（実は唯一の）阪神が日本シリーズに勝利して日本一になった1985（昭和60）年の4月17日に、阪神のクリーンアップだったバース、掛布、岡田によるバックスクリーン3連発ホームランが甲子園球場での歴史的事件であった。その後の阪神は暗黒の時代と称されたようにチームは低迷したが、阪神ファンは弱いことのうっぷんを晴らすためにこの3連発ホームランをビデオで観て慰めたとされる。ついでに言えば、阪神の弱い頃は甲子園球場も閑古鳥が鳴いていたが、巨人戦だけは観衆が多く、たまに巨人に勝つだけで溜飲を下げたのである。

次は後楽園球場である。この球場は本格的なプロ野球専用球場として1937（昭和12）年に開場した。巨人の本拠地であったとのイメージが強いが、設立当初からしばらくの間はなんと7チームの共同利用のホーム球場だったのである。特に東京には球団数が多く、かつ球場も少なかったからである。

球場は狭く、アメリカ大リーグの選手がこの球場で試合をして「箱庭みたいな球場」と揶揄したのである。実際にはこの球場を本拠地とする巨人の王貞治選手がホームランを連発して、世界一のホームラン王（７５６本、１９７７〈昭和52〉年9月3日）になったとき、アメリカではこの数を世界一と認めないでおこう、との声もあったほどである。むしろ特筆すべきは、１９５０（昭和25）年に日本で最初にナイター設備を完成させたし、１９７６（昭和51）年に人工芝に変えたのである。東京におけるプロ野球の聖地として君臨することとなった。これには巨人という球界の盟主のホーム球場ということが役立った。

巨人と阪神であれば、後楽園球場での最大のイベントは、１９５９（昭和34）年6月25日の天覧試合である。初めて天皇・皇后を迎えての試合なのでプロ野球を代表する両チームの試合日とした。松下（２０１１）によると、巨人のスター選手である長嶋茂雄は前夜の午後10時に就寝したが午前2時になっても眠れず、バット3本を取り出して1本ずつ振ってから正座して拝み、枕元に置いたとされるほど緊張していた。

試合は巨人のエース投手・藤田元司《もとし》、阪神のエース・小山正明の先発で始まり、途中に阪神はもう一人のエース・村山実を送り出す豪華さであった。巨人のもう一人のスター・王貞治のホームランも飛び出す好試合で、4対4の同点で9回裏を迎えた。ここで奇跡が起きた。巨人のスター・長嶋がレフトスタンドにサヨナラホームランを放ったのである。村山は「あれはファウルだ」といきまいたが、天覧試合の手前、抗議をすることはなかった。これを機に長嶋・村山のライバル関係が始まった。後に阪神の江夏豊投手も加わり、村山・江夏対長嶋・王のライバル関係が球史を飾ることになる。これに関しては後述する。

1988（昭和63）年に後楽園に代わってすぐ傍に東京ドームが完成した。屋根付きなので全天候で試合ができる球場であり、日本で最初の室内球場であった。アメリカのミネソタ・ツインズ（ミネアポリス）の本拠地だったメトロドームをモデルとしたのであり、両翼は後楽園の90メートルから、東京ドームは100メートルへと拡張された。面積はかつての後楽園よりは広いが、球場内の温度調節による空調によって追い風があり、ホームランの出やすい球場となっている。

2 巨人と阪神の成績

順位で評価すると圧倒的に巨人の優位と阪神の劣位

1950（昭和25）年に2リーグ制になってから現在までの巨人と阪神のチーム成績を、セントラルリーグの順位に基づいて評価しておこう。表1－1は順位の成績と、Aクラス（第1位から第3位まで）とBクラス（第4位から第6位まで）に何回入ったかの表を示したものである。表1－2と表1－3は、それぞれのチームにおける年度の成績（監督名、勝利数、敗戦数、引き分け、勝率、順位、監督の現役時代のポジション）を示したものである。

表1－1を見て明らかなことは、戦後の70年ほどの長期間にわたって、巨人の成績が阪神のそれを大幅に上回ると結論づけられる。巨人はセントラルリーグの優勝が37回にも達しており、およそ5割強のシーズンで第1位という優勝を果たしているという素晴らしい成績である。さらにBクラスに入った、すなわち4位以下のシーズンは8回だけにすぎず、常にAクラスにいたという好成績の球団であった。球界の盟主巨人というイメージは、成

表1-1　巨人と阪神の順位で見た成績
(2リーグ制以降から2019年まで)

	巨　人	阪　神
1位	37回	5回
2位	12回　Aクラス62回	19回　Aクラス39回
3位	13回	15回
4位	5回	14回
5位	2回　Bクラス8回	5回　Bクラス31回
6位	1回	12回

績から評価する限りは紛れもない事実である。これに加えて観客動員数もセ・パ両リーグを通じて1～2位を占めているので、巨人は球界の盟主たる地位にいた。現在はそれほどでもないが、一昔前は「人気のセ、実力のパ」と言われていたので、巨人は人気度でもセリーグのみならず、日本のプロ野球を代表する第1位であった。

巨人と比較すると阪神の成績は非常に見劣りがする。70年ほどの間に優勝は5回にすぎないし、逆に6位という最下位が12回もある。最下位というのは恥と理解してもよいほど悪い成績である。せめてもの救いはAクラス39回がBクラスの31回を少し上回っていることと、2位というのが19回でもっとも多くて「万年2位」という称号を与えてもよい特色を有している。この万年2位という特色は阪神を評価するときにとても重要な性格なので記憶しておきたい。ここで強調しておきたいことは、阪神の成績は巨人と比較するととても悪いが、人気度を比較すると両チームはほぼ同等であり、しかも本書全体を通じて、それがなぜであるのか、そしてその意味を探究することが目的といってても過言ではない。「伝統の一戦」と常に称されているほどのライバル球団である。

表1-2　読売ジャイアンツ歴代監督成績表
（2リーグ制以降）

年度	監督	試合	勝利	敗戦	引分	勝率	順位	現役時代のポジション
1950	水原茂	140	82	54	4	.603	3位	内野手
1951	〃	114	79	29	6	.731	1位	〃
1952	〃	120	83	37	0	.692	1位	〃
1953	〃	125	87	37	1	.702	1位	〃
1954	〃	130	82	47	1	.636	2位	〃
1955	水原円裕	130	92	37	1	.713	1位	〃
1956	〃	130	82	44	4	.646	1位	〃
1957	〃	130	74	53	3	.581	1位	〃
1958	〃	130	77	52	1	.596	1位	〃
1959	〃	130	77	48	5	.612	1位	〃
1960	水原茂	130	66	61	3	.519	2位	〃
1961	川上哲治	130	71	53	6	.569	1位	内野手
1962	〃	134	67	63	4	.515	4位	〃
1963	〃	140	83	55	2	.601	1位	〃
1964	〃	140	71	69	0	.507	3位	〃
1965	〃	140	91	47	2	.659	1位	〃
1966	〃	134	89	41	4	.685	1位	〃
1967	〃	134	84	46	4	.646	1位	〃
1968	〃	134	77	53	4	.592	1位	〃
1969	〃	130	73	51	6	.589	1位	〃
1970	〃	130	79	47	4	.627	1位	〃
1971	〃	130	70	52	8	.574	1位	〃
1972	〃	130	74	52	4	.587	1位	〃
1973	〃	130	66	60	4	.524	1位	〃
1974	〃	130	71	50	9	.587	2位	〃
1975	長嶋茂雄	130	47	76	7	.382	6位	内野手
1976	〃	130	76	45	9	.628	1位	〃
1977	〃	130	80	46	4	.635	1位	〃
1978	〃	130	65	49	16	.570	2位	〃
1979	〃	130	58	62	10	.483	5位	〃
1980	〃	130	61	60	9	.504	3位	〃
1981	藤田元司	130	73	48	9	.603	1位	投手
1982	〃	130	66	50	14	.569	2位	〃
1983	〃	130	72	50	8	.590	1位	〃
1984	王貞治	130	67	54	9	.554	3位	内野手
1985	〃	130	61	60	9	.504	3位	〃

年度	監督	試合	勝利	敗戦	引分	勝率	順位	現役時代のポジション
1986	王貞治	130	75	48	7	.610	2位	内野手
1987	〃	130	76	43	11	.639	1位	〃
1988	〃	130	68	59	3	.535	2位	〃
1989	藤田元司	130	84	44	2	.656	1位	投手
1990	〃	130	88	42	0	.677	1位	〃
1991	〃	130	66	64	0	.508	4位	〃
1992	〃	130	67	63	0	.515	2位	〃
1993	長嶋茂雄	131	64	66	1	.492	3位	内野手
1994	〃	130	70	60	0	.538	1位	〃
1995	〃	131	72	58	1	.554	3位	〃
1996	〃	130	77	53	0	.592	1位	〃
1997	〃	135	63	72	0	.467	4位	〃
1998	〃	135	73	62	0	.541	3位	〃
1999	〃	135	75	60	0	.556	2位	〃
2000	〃	135	78	57	0	.578	1位	〃
2001	〃	140	75	63	2	.543	2位	〃
2002	原辰徳	140	86	52	2	.623	1位	内野手
2003	〃	140	71	66	3	.518	3位	〃
2004	堀内恒夫	138	71	64	3	.526	3位	投手
2005	〃	146	62	80	4	.437	5位	〃
2006	原辰徳	146	65	79	2	.451	4位	内野手
2007	〃	144	80	63	1	.559	1位	〃
2008	〃	144	84	57	3	.596	1位	〃
2009	〃	144	89	46	9	.659	1位	〃
2010	〃	144	79	64	1	.552	3位	〃
2011	〃	144	71	62	11	.534	3位	〃
2012	〃	144	86	43	15	.667	1位	〃
2013	〃	144	84	53	7	.613	1位	〃
2014	〃	144	82	61	1	.573	1位	〃
2015	〃	143	75	67	1	.528	2位	〃
2016	高橋由伸	143	71	69	3	.507	2位	外野手
2017	〃	143	72	68	3	.514	4位	〃
2018	〃	143	67	71	5	.486	3位	〃
2019	原辰徳	143	77	64	2	.546	1位	内野手

＊1956～1961年の勝率は引分を0.5勝0.5敗として計算。
＊水原茂と水原円裕は同一人物。　　出所：野村（2016）プラス最近の成績を追加

表1-3　阪神タイガース歴代監督成績表

(2リーグ制以降)

年度	監督	試合	勝利	敗戦	引分	勝率	順位	現役時代のポジション
1950	松木謙治郎	140	70	67	3	.511	4位	内野手
1951	〃	116	61	52	3	.540	3位	〃
1952	〃	120	79	40	1	.664	2位	〃
1953	〃	130	74	56	0	.569	2位	〃
1954	〃	130	71	57 (1)	2	.555	3位	〃
1955	岸一郎 藤村富美男	130	71	57	2	.555	3位	投手 投手・内野手
1956	藤村富美男	130	79	50	1	.612	2位	投手・内野手
1957	〃	130	73	54	3	.573	2位	〃
1958	田中義雄	130	72	58	0	.554	2位	捕手
1959	〃	130	62	59	9	.512	2位	〃
1960	金田正泰	130	64	62	4	.508	3位	外野手
1961	金田正泰 藤本定義	130	60	67	3	.473	4位	外野手 投手
1962	藤本定義	133	75	55	3	.577	1位	投手
1963	〃	140	69	70	1	.496	3位	〃
1964	〃	140	80	56	4	.588	1位	〃
1965	〃	140	71	66	3	.518	3位	〃
1966	杉下茂 藤本定義	135	64	66	5	.492	3位	投手 投手
1967	藤本定義	136	70	60 (1)	6	.538	3位	投手
1968	〃	133	72	58	3	.554	2位	〃
1969	後藤次男	130	68	59	3	.535	2位	内野手・外野手
1970	村山実	130	77	49	4	.611	2位	投手
1971	〃	130	57	64	9	.471	5位	〃
1972	〃	130	71	56	3	.559	2位	〃
1973	金田正泰	130	64	59	7	.520	2位	外野手
1974	〃	130	57	64	9	.471	4位	〃
1975	吉田義男	130	68	55	7	.553	3位	内野手
1976	〃	130	72	45	13	.615	2位	〃
1977	〃	130	55	63	12	.466	4位	〃
1978	後藤次男	130	41	80	9	.339	6位	内野手・外野手
1979	ブレイザー	130	61	60	9	.504	4位	内野手
1980	ブレイザー 中西太	130	54	66	10	.450	5位	内野手 内野手
1981	中西太	130	67	58	5	.536	3位	内野手
1982	安藤統男	130	65	57	8	.533	3位	内野手・外野手

年度	監督	試合	勝利	敗戦	引分	勝率	順位	現役時代のポジション
1983	安藤統男	130	62	63	5	.496	4位	内野手・外野手
1984	〃	130	53	69	8	.434	4位	〃
1985	吉田義男	130	74	49	7	.602	1位	内野手
1986	〃	130	60	60	10	.500	3位	〃
1987	〃	130	41	83	6	.331	6位	〃
1988	村山実	130	51	77	2	.398	6位	投手
1989	〃	130	54	75	1	.419	5位	〃
1990	中村勝広	130	52	78	0	.400	6位	内野手
1991	〃	130	48	82	0	.369	6位	〃
1992	〃	132	67	63	2	.515	2位	〃
1993	〃	132	63	67	2	.485	4位	〃
1994	〃	130	62	68	0	.477	4位	〃
1995	中村勝広 (代)藤田平	130	46	84	0	.354	6位	内野手 内野手
1996	藤田平 (代)柴田猛	130	54	76	0	.415	6位	内野手 捕手
1997	吉田義男	136	62	73	1	.459	5位	内野手
1998	〃	135	52	83	0	.385	6位	〃
1999	野村克也	135	55	80	0	.407	6位	捕手
2000	〃	136	57	78	1	.422	6位	〃
2001	〃	140	57	80	3	.416	6位	〃
2002	星野仙一	140	66	70	4	.485	4位	投手
2003	〃	140	87	51	2	.630	1位	〃
2004	岡田彰布	138	66	70	2	.485	4位	内野手
2005	〃	146	87	54	5	.617	1位	〃
2006	〃	146	84	58	4	.592	2位	〃
2007	〃	144	74	66	4	.529	3位	〃
2008	〃	144	82	59	3	.582	2位	〃
2009	真弓明信	144	67	73	4	.479	4位	内野手・外野手
2010	〃	144	78	63	3	.553	2位	〃
2011	〃	144	68	70	6	.493	4位	〃
2012	和田豊	144	55	75	14	.423	5位	内野手
2013	〃	144	73	67	4	.521	2位	〃
2014	〃	144	75	68	1	.524	2位	〃
2015	〃	143	70	71	2	.496	3位	〃
2016	金本知憲	143	64	76	3	.457	4位	外野手
2017	〃	143	78	61	4	.561	2位	〃
2018	〃	143	62	79	2	.440	6位	〃
2019	矢野燿大	143	69	68	6	.504	3位	捕手

＊1954・1967年の敗数の( )内は放棄試合。
＊1956～1961年の勝率は引分を0.5勝0.5敗として計算。
出所：野村(2016)プラス最近の成績を追加

巨人と阪神の直接対決

表1－4は巨人と阪神の直接対決の成績を2リーグ制以降から示したものである。合計70シーズンを戦ってきたが、驚異的な数字がこの表で示されている。すなわち、どちらのチームが勝ち越したかに注目すると、70シーズンの内に巨人が61回、阪神はわずか9回しか勝ち越さなかったのである。率で評価すると、実に87パーセントの巨人の阪神に対する勝ち越しシーズンであり、巨人の圧勝といっても過言ではない。阪神はわずか13パーセントしか直接対決で勝ち越していないのである。巨人は阪神に対して圧倒的に強いのである。

その強さをもっと強調できる根拠がある。巨人が阪神に勝ち越したシーズンのうち、巨人の勝ち数が阪神の勝ち数（すなわち巨人の負け数）よりも10試合以上多いシーズンを表では「＊」印を付けてみた。なんと9シーズンもある。逆に阪神が巨人に勝ち越したシーズンには「〇」印を付けてみた。「＊」印はこのシーズン、阪神は巨人のもはや敵ではなく、親子間に存在する力の差があるほどチーム間の力量に大きな差があったのである。

阪神は巨人戦だけは眼の色を変えて戦うチームであると述べたが、それはわずかな数のシーズンで勝ち越すことはあっても、ほとんどは空回りに終始したシーズンだったのであ

表1-4　巨人と阪神の直接対決の成績

	巨人	阪神	引分
1950	12	7	1
1951	11	9	
1952	12	8	
1953	16	10	
1954	16	10	
1955	16	9	1
1956	14	11	1
1957	14	11	1
1958	13	13	
1959	13	11	3
1960	16	9	1
1961	15	10	1
○1962	12	14	2
＊1963	21	7	
1964	15	13	
1965	16	11	1
＊1966	19	7	
1967	14	12	3
1968	14	12	
1969	13	11	2
○1970	12	13	1
1971	12	10	4
1972	16	8	2
1973	13	11	2
1974	16	8	2
○1975	9	16	1
1976	12	10	4
1977	13	11	2
＊1978	18	8	
○1979	9	17	
1980	15	8	3
1981	15	10	1
1982	13	10	3
1983	14	10	2
○1984	11	12	3

	巨人	阪神	引分
1985	13	12	1
1986	13	11	2
＊1987	18	8	
1988	13	12	1
＊1989	18	8	
＊1990	20	6	
＊1991	19	7	
1992	15	11	
1993	14	12	
1994	16	10	
＊1995	20	6	
1996	15	11	
1997	14	13	
1998	17	10	
1999	17	10	
2000	18	9	
2001	15	13	
2002	15	12	1
○2003	10	17	1
○2004	10	17	1
○2005	8	14	
2006	11	11	
○2007	9	14	1
2008	14	10	
2009	11	11	2
2010	12	12	
2011	11	11	2
＊2012	15	4	5
2013	12	11	1
2014	13	11	
2015	16	9	
2016	15	9	1
2017	13	10	2
2018	16	8	1
2019	15	10	

(1) ○印は巨人が阪神に負け越しのシーズン
(2) ＊印は巨人が阪神よりも10試合以上も勝ち数の多いシーズン。公表資料に基づき筆者作成

る。それは巨人の強い投手力と打力、逆に弱い阪神の投手力と打力による成果であった。時には監督、コーチの采配力や指導力の差、あるいは球団のマネージメント能力の差が原因のときもあった。

巨人・阪神戦は「伝統の一戦」とみなされて、両チームは強いチームだからこそ激しい戦いをしているように見え、国民の間で高い関心を持って見られてきたが、実力という視点からすると両チームはライバルではないとも言える。これは先に見たシーズンで何度優勝したか、何位のシーズンが多かったかの成果によっても、巨人の優位と阪神の劣位が明らかであった。本書の目的はそうすると、対等なチーム力を持った巨人と阪神ではなく、圧倒的な実力差とチーム成績に差があるのに、「なぜ伝統の一戦、あるいは日本を代表するライバルチーム」と称されるようになったかを探究する点にある、と言えようか。

川上哲治（1920〈大正9〉年～2013〈平成25〉年）

次の項目で巨人の歴史上で最強の時代であったV9を論じるが、そのときの監督が川上だったし、これまでの日本人野球選手を代表する一人（打撃の神様と称された）なので、彼のことを知っておこう。川上については川上（１９７４）、羽佐間（２０１３）から知り得た。

熊本県の人吉市（当時は球磨郡）で育った川上は熊本工業（現・熊本工業高校）で野球に取り組み、全国中等学校野球大会（今の甲子園での高校野球大会）で準優勝を２度経験した。川上は投手であり、捕手の吉原正喜とバッテリーを組み、ともに巨人に入団した。吉原のほうが選手としては優れていたとされ、川上は投手としては目立たぬ存在であったが、打者に転向してから実力を発揮し始めた。19歳、そして21歳で首位打者に輝いたのである。ちなみに吉原は戦死した。

一時期戦争に召集されたが、戦後に巨人に復帰した。当時の巨人は三原修と水原茂というスター選手がいて、この二人は有名なライバルであった。中等学校野球での高松における高松中学（三原）と高松商業（水原）時代、大学での早慶（三原の早大、水原の慶大）戦でのライバルだったが、二人とも巨人に入団していた。両雄並び立たずのことわざ通りであった。最初は三原が巨人の監督であったが、彼は巨人を追われ水原が監督となった。余談であるが、二人のライバル関係は三原が西鉄の監督時代に、水原が監督の巨人を日本シリーズで倒したというリベンジ物語がある。

水原監督に関して羽佐間（２０１３）におもしろいエピソードが紹介されている。慶應ボーイとしてダンディさを誇っていた水原が、コーチスボックスで肘や肩、脇や腰など盛んにユニフォームを触っていた姿を見て、当時南海ホークスにいた若手選手、野村克也（後の三冠王。南海、ヤクルトでの優勝監督）が「相変わらずキザなおっさんやのう……」とつぶやいたのである。これはキザな行為ではなく実際には水原は選手にブロックサインを送っていたのであり、彼はアメリカの新しい野球戦略を日本にいち早く導入していたのである。

水原は川上をヘッドコーチに選任していたが、水原が不祥事で巨人の監督をやめることになり、2年間のコーチ後に監督となった。川上は水原ほどのカッコよさはなかったが、指揮にあたっていくつかの新機軸を打ち出した。それはドジャースのコーチであったアル・キャンパニスの『ドジャースの戦法』を読んでそれを参考にしたし、いくつかの新しい戦法を導入したのである。例えば、スコアラー制度をチームに導入、送りバントに備えてファーストとサードの選手をホームにダッシュさせる、投手や二塁手が一塁ベースをカバーするなどが、羽佐間（2013）で指摘されている。

しかし、川上はマスコミの取材には厳しく対応した。「鉄（哲）のカーテン」と称されたほど、自分のみならず選手がマスコミの攻勢を受けるのを阻止したのである。例えばキャンプの練習では「これより立ち入り禁止」を設けたり、選手へのインタビューにも回数や時間の制限を設けたのである。相手チームに巨人のチーム事情が漏れるのを恐れたのである。

最強のV9

1965（昭和40）年から1973（昭和48）年までの巨人は、川上監督の下でのセリーグ制覇は当然として日本シリーズで9回連続で日本一を続けた。最強のプロ野球チームの時代であった。長嶋、王といったスター選手を筆頭に、捕手の森、内野手の土井、黒江、外野手の高田、柴田、投手の堀内、高橋一三《かずみ》、城之内《じょうのうち》といった名選手を揃えて勝ち続けたのであった。

V9で特筆すべきことは、川上監督は巨人OBではない牧野茂をヘッドコーチとして招聘したことである。日本のプロ野球では監督やコーチは、新しい球団を除いて自チーム出身者のなることが多かったが、川上は中日OBの牧野を選んだのである。牧野の戦略の見事さに魅せられて、言葉も交わしたことのない人を選んだ勇気はたいしたものである。現に牧野は川上の懐刀《ふところがたな》として作戦はもとより、選手の育成に大いに貢献したのである。「牧野がいなかったらV9はなかった」と川上に言わせたほどの名参謀であった。

V9時代にもいくつかの新機軸があったが、これが川上の発想なのか牧野の発想なのかは定かではないが、足の速い柴田勲《いさお》をスイッチヒッター（右打席でも左打席でも打てる人）にしたことと、宮田征典を「8時半の男」としてストッパーとして成功させた、などがある。

ここでV9の個々の選手の寸評を述べておこう。長嶋・王の両大スターは後に詳しく論じる。

まずは捕手の森昌彦（後に祇晶《まさあき》）。進学校である県立岐阜高校の選手で、東大入学も可能な秀才であった。入団4年目にレギュラー捕手となり、以降巨人のホームベースを守り続けた。打力よりも捕手としてのキャッチングとインサイドワークに優れ、まさにV9の裏方に徹した。その後西武の監督になり、パ・リーグ優勝と日本一を何度か達成した。

内野手の土井正三《しょうぞう》は立教大学の出身で、巨人では正二塁手として守備が確実であった。打力は長打力というよりも安打や犠打の得意な選手であった。オリックス・ブルーウェーブの監督を何度か務めたが、Aクラスを保つも優勝はなかった。遊撃手の黒江透修《ゆきのぶ》は鹿児島高校出身で、小柄ながら堅実な守備の持主であり、打撃も地味ながら安打を多く打った。その後はいろいろなチームでコーチとして活躍した。

高田繁《しげる》は野球の名門浪商高校（現・大阪体育大学浪商高校）から明治大学へ、そして巨人という外野手であった。明治大学では鉄拳・島岡監督に唯一殴られなかったとされ、頭脳とまじめさが評価された。巨人入団後も、打力・走力・守備にと活躍して、V9に大きく貢献した。その後いろいろなチームの監督やGM（ゼネラルマネージャー）に就いたが、GMとしてチームの総合力の指揮に力量を発揮した。

柴田勲は法政二高時代は投手であり、浪商高校の尾崎行雄投手と甲子園の全国高校野球大会で投げ合った逸話を有する。巨人には投手として入団するも芽が出ず、俊足と巧打を生かすべく外野手に転向したので、監督・コーチ陣のポジション変更指示は正しかった。既に述べたようにスイッチヒッターとして成功したし、赤い手袋をトレードマークにして盗塁王を何度か獲得した。巨人を退団してからはどのチームにも移らず、しかもコーチとしてもどのチームにも属さず、長嶋と同様に巨人一筋であった。そのせいもあって巨人のOB会の会長を2019（令和元）年まで務めた。

投手の堀内恒夫は甲府商業高校出身でドラフト1位で入団。すぐにエース投手となり、速球とカーブの優秀さによって、沢村二世（沢村は球界を代表する巨人の大エース投手だった）と呼ばれるようになった。当時は珍しくなかった先発・完投型の投手であり、２００勝を達成している。引退後はコーチ、監督にもなったが、一度も優勝しない巨人の監督であった。

堀内を野球以外で有名にしたのは、参議院の議員を一度経験したことにある。自民党候補の次点だったが繰り上げ当選を果たした。なお元プロ野球選手で国会議員になったのはもう一人、秋田県出身で近鉄、巨人、ロッテ、ＤｅＮＡにいた自民党の石井浩郎《ひろお》がいる。現在は議員では二期目である。

堀内を右の本格派の投手とすれば、高橋一三は左腕の速球プラス技巧派、城之内邦雄はサイドスローというこれまた技巧派の投手であった。しかし、Ｖ９時代は欠かせぬエース級の投手であった。高橋は広島県の北川工業高校（現・府中東高校）、城之内は千葉県の佐原一高（現・佐原高校）の出身である。高橋は巨人から日本ハムに移籍し、さらに巨人・日本ハムのコーチを務めた。高橋はプロを辞してからは、山梨学院大学野球部の監督という異色の経歴を持つ。城之内は巨人を引退してから野球解説者になった。

最強巨人の頃の阪神

戦後からV9の巨人はとても強かったが、この間の阪神はどういう戦いをしていたのか、そしてその時期の阪神のスター選手を紹介しておこう。

特筆すべきことは、2リーグ制発足時からV9の終了時までの24年間に注目すると、阪神は1962（昭和37）年と1964（昭和39）年の2度しか優勝していないが、11回も2位を占めたし、4位以下のBクラスはわずか3回しかなく、基本的には平均して強いチームだったのである。「万年2位のチーム・阪神」と称してもよく、巨人の十分なライバルであった。これこそが「伝統の一戦」と称されるにふさわしい巨人と阪神であった。

この時の巨人・阪神で忘れてならないイベントを二つ述べておこう。まず第1は1968（昭和43）年9月18日の甲子園球場で発生した「史上最大の乱闘事件」である。これについては松下（2011）に詳しい記述がある。

両チームは「伝統の一戦」にふさわしく、9月のシーズン末期に1ゲーム差で首位を争っていた。当時は一日に2試合を行うダブルヘッダーが行われており、甲子園球場での第1試合は阪神のエース・村山実が完封勝利でゲーム差はゼロになっていた。事件は第2試合に起きた。

阪神は既にエース級の投手になっていたバッキーで戦ったが、巨人に打たれて4回表に4対0で負けていた。すぐに興奮しやすいバッキーはイライラしていたところ、二死二塁の場面でホームラン王の王選手を打席に迎えていた。味方のエラーもあって頭に血が上っていたバッキーは、ビーンボール（意図的に死球を投げるような危険球）まがいの投球を王に与えて、王はのけぞってよけたのであった。バッキーは後にあれはスッポ抜けだったと釈明したが、両チームの選手が興奮気味になっていた。巨人ベンチからの野次に怒って、バッキーは次の球もビーンボールを、今度は意図的に王選手に投げたのである。

ここで怒った巨人の選手がバッキーに襲いかかったが、大男のバッキーに簡単にいなされたところ、王の一本足打法の生みの親、荒川博コーチがバッキーに足蹴りを見舞った。バッキーも応酬して、荒川の顔に右手でパンチをぶちかまし、荒川の額から血が飛び散った。こうなると両軍選手が入り乱れての乱闘となり、なんと20分も続いた大騒ぎになってしまったのである。

なんとか乱闘は収まったが、第二弾が引き続いて起きた。バッキーを救援した阪神の権藤投手が、今度は王の頭にぶつける死球を投げてしまったのである。王はもんどり打って倒れて退場したが、再び両軍選手が乱闘を始めたのである。没収試合にまでは至らなかったが、長嶋が2本のホームランを打って阪神を敗戦に追い込んだのである。バッキーはボクシングまがいのパンチを加えたので、親指を骨折してしまい、それが原因でその後は野球で活躍できなくなったのである。

第2のイベントは、1973（昭和48）年の10月22日、これまた甲子園球場で発生した。この試合は巨人、阪神ともにリーグの最終試合であり、巨人は65勝60敗4分の2位、阪神は64勝58敗7分の1位であった。この最終戦に巨人ないし阪神が1勝すれば、あるいは阪神は引き分けでも優勝できた、という決定的な試合だったのである。なお、両チームの対戦成績は巨人の12勝11敗2分であった。

先発投手は巨人が高橋一三、阪神が上田二朗であったが、初回から巨人の打撃が火を吹いて、結果は9対0という巨人の圧勝であった。巨人の優勝がこの最終戦で決まったというドラマティックな幕切れであった。巨人のセリーグ優勝が9年間続き（しかも日本シリーズでも勝ってV9の達成）、甲子園を埋め尽くした阪神ファンはまた巨人にやられたという悔しい思いだけの残る試合であった。

不甲斐ない阪神の試合振りに怒った阪神ファンが、甲子園球場のグラウンドになだれ込むというハプニングが起こった。いつもなら優勝チームの監督（川上監督）を選手が胴上げするという野球界に多い祝賀行事があるが、巨人選手は身の危険を感じていち早くベンチから立ち去ったので、胴上げは見られないという後味の悪い最終戦であった。

阪神の選手列伝

強くてV9を経験した巨人には記録に残る選手は多いが、ライバルの阪神にも何名かの優れた選手がいた。戦前であれば投手の若林忠志、野手であれば豪打の景浦将などがいたが、戦前・戦後の大スターで「初代のミスター・タイガース」と呼ばれた藤村富美男（1916〈大正5〉～1992〈平成4〉年）が筆頭に登場する。特にライバル巨人の川上哲治と並び称される名選手なので、なおさら重要人物である。藤村に関しては吉田（2003）を参照した。

広島県の呉にある呉港中学（現・呉港高校）時代に甲子園大会に出場しており、優勝投手にもなっている。決勝戦では熊本工業の川上選手に投手・藤村は連続三振と投げ勝っている。中等学校時代から藤村と川上はライバルだったのである。藤村は当時人気の高かった東京六大学野球を希望して法政大学の進学を考えていたが、大阪タイガース（当時はチーム名はまだ阪神ではなかった）に入団する。

阪神では内野手に転向し、戦後になると本塁打を量産する不動の四番打者となったし、打点を多く生む豪打の選手となった。川上の赤バット、大下弘の青バットとともに「物干し竿」と呼ばれた長いバットを振る姿は有名となった。巨人の川上に対して阪神の藤村はライバルとして人気を博し、「伝統の一戦」を形成する一つの要因となったのが、川上と藤村の存在だったのである。川上と藤村はともにプロ野球を代表する豪打の選手であったが、唯一の違いは川上がV9で代表されるように監督業でも成功したが、藤村は監督も務めたが好成績は残せなかった。

次は吉田義男（1933〈昭和8〉年〜）である。「牛若丸」と称された遊撃手の名守備振りは有名で、華麗な守備は左右に横飛びでゴロを取る姿であった。あたかも弁慶に対して五条大橋の欄干を飛び交った牛若丸（後の源義経）にちなんでの命名であった。身長が167センチしかない野球選手にしては小柄でありながら、俊足巧打の選手でもあった。吉田については吉田（2009）から知り得た。

野球経歴としては、京都の山城高校時代に夏の甲子園大会に出場したが、1回戦で敗退した。立命館大学に進学したが、2年生のときに中退して阪神に入団した。阪神入団の契機は、早稲田大学の森茂雄監督が早稲田で華麗な守備を誇っていた広岡達朗《たつろう》遊撃手よりも、立命館の吉田のほうが上だ、と述べていたことが阪神のスカウトを刺激したのである。これを聞いた自尊心の強い広岡が、えらく吉田を意識していたと吉田（2009）にある。広岡と吉田も巨人と阪神の遊撃手としてのライバルだったのである。

なお広岡は巨人のV9時代の始まる頃に巨人を退団したので、V9とはほとんど関係がなかった。退団の要因は広岡と川上監督との確執にあったことは有名である。

話題を阪神の吉田に戻すと、入団後は1年目からのレギュラー遊撃手となり、16年間それを保持した名遊撃手であった。吉田は阪神をやめてからどのチームにも行かず、阪神一筋の選手であった。

選手としての活躍もすごかったが、阪神の監督として三度も登場したので、最多の監督経験者である。特筆すべき年は1985〈昭和60〉年のシーズンであり、二つの印象深い成果を示したのである。

第1は4月17日の甲子園バックスクリーンへの3本塁打である。巨人戦における巨人の槙原投手に対して、阪神の3番バース、4番掛布、5番岡田の3選手がバックスクリーンに3連発を打ち込んだのである。実際には掛布の本塁打はバックスクリーン横の外野スタンド入りであったが、今ではバックスクリーン3連発ということになっている。この試合を機に阪神は勢い付き、セリーグで優勝までしたのである。

第2は、この年の日本シリーズは西武ライオンズとの闘いであったが、阪神は吉田監督の下で勝利して日本一になったのである。2リーグ制発足後の阪神の球史において唯一の日本シリーズでの制覇なので、記念すべき年度であるが、逆に言えばわずか一度しか日本一を経験していない弱いチームなのかとも解釈できる。一度だけの日本チャンピオンながら人気は高いチームなのである。この日本シリーズで負けた西武の広岡達朗監督は、阪神最大の助っ人外国人であったランディ・バースにやられたとして、「バースはアメリカに帰っていただきたい」という言葉を口にしたことを妙に記憶している。

ついでながら、監督としての業績を吉田と広岡で比較すれば、広岡はヤクルトと西武で何度か優勝しているが、吉田はただの一度だけの優勝なので、広岡のほうが監督としては上であったことを吉田（2009）も認めている。守備はほぼ同水準の華麗さ、打力では吉田（生涯打率0・267）が広岡（0・240）より上、監督としてはその逆なので、バランスとしては両人の業績は引き分けとしておこう。

第2章

選手間のライバルと有名選手の軌跡

球界を代表するスター選手を数多く輩出してきた両チーム。
特筆すべきライバル同士の名勝負や、
ファンに強烈な印象を残した選手の列伝を綴る。

1 長嶋・王VS小山・村山・江夏

戦前から戦争直後における選手間のライバル関係は、前の章で川上対藤村で代表させて論じたが、この章では人々の記憶にあり、かつ球界を代表する巨人対阪神における選手間のライバルを論じてみたい。

長嶋茂雄〈1936〈昭和11〉年〜〉

「ミスタージャイアンツ」と称される巨人を代表する名選手であるが、「ミスタープロ野球」と呼んでもよいほど、日本の野球界を代表する大スター選手である。ほぼ同じ時代のスター選手、王貞治とともに「ON」と称されており、巨人V9の功労者であったし、この二人が日本の野球選手を代表しているといっても過言ではない。二人とも最強の打者であるが、一試合あたりで換算すると長嶋はヒットの数が多く、王はホームランの数が多いという違いはある。ついでながら「ＯＮ」の違いを表現する言葉として「記憶に残る長嶋、記録に残る王」はよく知られている。

ここで長嶋の野球人生を簡単に振り返っておこう。それには、長嶋（１９７４、２００９）、松下（２０１１）を参考にした。千葉県の佐倉市（当時は印旛郡）で農業をしながら役所に勤めていた一家に育ち、佐倉一高（現・佐倉高校）ではレギュラー選手であったが、甲子園の全国大会には行けなかった。大学に進学して野球をすることを希望し、東京六大学野球の立教大学に進学した。長嶋の言によると監督の砂押邦信《すなおしくにのぶ》を生涯の師と仰ぎ、激しいノックを受けるとともにバットを無限に振らされたのである。長嶋のみならず、立教の野球部における砂押監督の指導は常軌を逸するほどの厳しいもので、選手の間で耐えられないとして砂押排斥事件が起きるほどであった。長嶋もそれに加わったが、心の中では砂押を慕っていたのである。

巨人に入団した年の打力は素晴らしく、本塁打と打点の二冠王だったので新人王を獲得した。合計17年の在籍中に首位打者が6回、本塁打王を2回、打点王を5回も受けているし、通算安打２４７１本は大学卒の中では広島と阪神にいた金本知憲《ともあき》に次いで第２位である。セリーグＭＶＰ（最優秀選手）を5回も受けており、文字通り日本を代表する打撃の王者である。敢えて言えば、三冠王を取ったことがないとか、本塁打が444本（ちなみに王は868本）しかないとケチを付ける人もいるかもしれない。そもそも打者には長打（本塁打）に強い人と中距離ヒッター（二塁打や単打の多い）の二種類のタイプがいて、長嶋は後者の代表選手である。さらに長嶋の最大の魅力はチャンスに好打を放つのにあり、記憶に残る天才肌の選手だったのである。

長嶋はバッティングの際、豪快な空振りをしたときにヘルメットが遠くに飛ぶことが多かったが、これはわざと小さなヘルメットをかぶっていたからだとされる。ファンはこのヘルメット飛ばしの長嶋の空振りに魅了されたのである。守備も三塁手として華麗であったし、守備率にも高いものがあった。ゴロを取ってから一塁には走りながら投げた後で右手をヒラヒラさせる動作を行い、これまた観客を魅了する姿だったのである。プロの選手はファンあっての野球であることを常に意識しての行為であり、必ずしもキザな行為とは思わない。

ただし一つだけ筆者が忘れられない長嶋の言葉がある。国会議員選挙のとき、記者からの質問に応じて、「社会主義だとプロ野球は廃止されるかもしれないので、私は自民党支持です」と回答したことがある。社会常識に欠けるとしてやや失笑を買った記憶があるが、天真爛漫な長嶋の性格の業からの言葉と解釈する人もいるであろう。
　長嶋は引退時に「我が巨人軍は永久に不滅です」という有名な言葉を残して現役を終えてから、すぐに巨人の監督になった。巨人は現役を終えてすぐにＯＢを監督にする伝統があるのか、最近では高橋由伸《よしのぶ》でその伝統を続けた。コーチ経験をせずの監督業は、素人の筆者にもむずかしい仕事を強いられるのではと想像する。現に長嶋は就任１年目は最下位だったし、高橋は３年間監督を続けたが一度も優勝せずに監督を辞した。他のチームであれば３年間の優勝なしというのは珍しくもないが、球界の盟主はそれが許されないのである。

　長嶋は２度の監督経験で、合計で15年間も務めた。最下位は新人監督のときだけで、セリーグで優勝は５回（日本シリーズ勝利は２度）なので、優良可の評価であれば「良」であろうか。巨人はお金持ちなので戦力には強いものがあり、だとすると厳しい人は「可」とするかもしれない。Ｖ９を達成した川上監督には「優」が与えられるし、原辰徳監督も２００２〜２００３、２００６〜２０１５の２度の監督（合計12年間）業のうち７回のセリーグ優勝と３度の日本一の経験がある。さらに３度目の監督では２０１９（令和元）年にセリーグ優勝を果たしたので、彼にも「優」が与えられようか。ただしこの年はパリーグのソフトバンクに日本シリーズで4連敗という恥もかかされた。長嶋の監督としての戦績を川上・原両監督と比較すると、その成績はやや劣ると判断せざるをえない。「名選手必ずしも名監督ならず」という言葉があるが、これを長嶋に献上する気は毛頭ない。ひらめきで野球をしていた感のある長嶋なので、冷静沈着に判断して指揮をしていた森祇晶や広岡達朗などのほうが、監督に向いていたとも言える。

ここで、日米間で監督になる人に差のあることを述べてみたい。日本ではスター選手を監督に選ぶ傾向が強いが、アメリカでの監督の経歴を調べると必ずしもスター選手は多くなく、選手としてはたいしたことのなかった人が結構いるし、その中には名監督になった人もいる。例えば、シカゴ・カブスの監督（2016年のワールドチャンピオン）だったジョー・マドンはマイナーリーグの選手にすぎなかったが、今や1000勝を超す名監督である。日本ではスター選手の名にあやかって観客動員やマスコミでの露出に期待するところがあるが、アメリカでは論理に強く、綿密に指導・監督する人を選ぶのであろう。あるいはアメリカのスター選手は現役時代にしこたま稼いだので、コーチ・監督業に関心のない人も多いとされる。

王貞治〈1940〈昭和15〉年〜〉

王貞治は中国（台湾）人の父と日本人の母の間で東京で生まれた。彼の人生と野球での活躍は王（2000、2015）を参照した。身体の大きな王は子どもの頃から草野球をやっていて、投手とバッターという二刀流で、頭一つ抜きん出た選手であった。興味深い逸話は、勉強ができたので都立の墨田川高校を受験したが幸か不幸か不合格になり、早稲田実業高校に進学した。

「幸」というのは、もし墨田川高校に進学しておれば、野球部のない高校だったので野球をやらなかったかもしれず、勉強して大学に進学してから野球選手以外のことをしたかもしれない。ちなみに実兄は慶應大学医学部卒業の医者だった。もし合格しておれば世界のホームラン王は誕生していなかったかもしれない「幸」であった。

もう一人入試に失敗したのが「幸」のスポーツ選手を紹介しよう。日本サッカー協会の会長をした川淵三郎（1936〈昭和11〉年〜）である。大阪府の名門高校・三国丘高校から大阪大学を目指すも、浪人しても不合格だったのであり、泣く泣く早稲田大学に進学した。早稲田のサッカー部で頭角を現し、実業団チーム（古河電工）で活躍した。その後プロのJリーグの結成に関与し、名チェアマンとして今日を築いた。彼がもし阪大に進学していたらサッカー選手になっていなかったかもしれないし、なにしろ阪大はスポーツの大学ではない。これまでの記述は川淵（2009）でわかる。

早稲田実業高校は野球の名門校であり、夏の甲子園大会に1年生のときから出場した。2年生の春の選抜大会では優勝投手であった。夏の大会では、2回戦で寝屋川高校に延長11回ながらノーヒットノーランをやってのけた好投手であった。3年生の春の大会では甲子園球場で2試合連続ホームランを打ち、打者としても力を示した。この頃の王は投手の実力はもうピークをすぎていて、自分では打者に向いているな、と自覚し始めていた。

高校野球界で投打のスター選手になっていたので、プロ球界に行くのは自然であった。ここでも阪神と巨人が王の入団を巡って争いを演じた。新聞は「王はタイガースへ」と書き立てたが、結局は本人の希望で巨人に入団した。「関東出身なので巨人を望んだ」と王は後述しており、後に登場するライバルの村山投手も「関西出身なので阪神を選んだ」とあるので、どのチームに入団するかは出身地の球団を選ぶケースが多いのである。

こうして王は巨人に入団したが、当時の巨人のエース投手・藤田元司、コーチになっていた川上哲治も、王の投手としての力量に疑問を感じ、打者転向を勧めた。王自身も投手として限界を感じていたので素直にそれを受け入れ、川上の後の一塁手となった。しかし打者になっても3年間は芽が出ず、自身が語っているように「三振王」と呼ばれるほどだったのである。この3年間、打力で目立ったのは長嶋だけであった。

ここで転機が訪れた。早稲田実業高校の先輩、荒川博が巨人の打撃コーチとなり、有名な荒川道場の畳がすり切れるほどの猛烈な素振りを連日行った。バッティングのときに身体がぶれるので、荒川コーチは一本足打法を勧めたのであり、王もそれを受け入れて「すごい」素振りを無限に重ねて、ホームランバッターへの転向に向かったのである。まさにマンツーマンの指導が功を奏して、王はホームランバッターとして成長したのである。荒川―王の訓練については荒川（2010）で詳しく知ることができる。

一本足打法は当初、紆余曲折を経て王も悩んだが、1964（昭和39）年にホームラン55本という過去最高の記録を達成して、一本足打法は定着した。王選手の実績は「日本一の野手」と称してよいほどの数字である。本塁打王15回、打点王13回、首位打者5回、三冠王2回という誰も及ばない最高の成績であった。ちなみに長嶋の本塁打王2回、打点王5回、首位打者6回、三冠王ゼロと比較すると数字の上では王のほうが上であった。しかし野球ファンは「ON」と理解して、両人をほぼ同等に評価している。その一つの理由は、既に長嶋のところで述べたように、記憶に残るプレー（例えばこれというときに打つ、人を魅了する様々なパフォーマンスなど）や人に感動を与える言葉（例えば「我が巨人軍は永久に不滅です」）が多く、人気の点で二人は同水準の高さである。しかしどちらを好むかは人によって異なる。

次は世界一のホームラン数の達成である。アメリカ大リーグのハンク・アーロンが755号で世界一を誇っていたが、1977（昭和52）年の8月31日に後楽園球場でアーロンと同数の本塁打を打ち、9月3日に756号の世界一を達成したのである。後楽園球場を紹介したとき、アメリカではこんな狭い球場での世界一は認められないといった中傷の声もあったが、数字上は間違いなく世界一の偉業であった。アメリカでは「フラミンゴ打法」のホームラン・オウ（KING）と呼ばれたのである。なお、王は生涯で868本のホームランをかっ飛ばした。ついでながら、アメリカでの生涯本塁打数はバリー・ボンズの762号であり、王は現時点では世界一の生涯本塁打数といえる。

現役引退後の王は、巨人で5年間、福岡のダイエー（後のソフトバンク）で14年間も監督を務めた。巨人では1度の優勝、ダイエーでは当初成績は芳しくなく卵を投げられたこともあったが、ダイエーとソフトバンクの両方で3度も優勝しているし、Aクラスが多かったので、好成績を残したと言える。現役選手として、そして監督として王を総合評価すれば、日本一の人であったと結論づけられる。なお世界一といえば、日本とアメリカで通算安打数の世界一を達成したイチロー（本名：鈴木一朗）も候補である。

小山正明（1934〈昭和9〉年～）

兵庫県立高砂高校出身の投手で、阪神には当初は打撃投手として入団したが、「針の穴を通す」と称されるほど抜群のコントロールを誇り、阪神のエース投手となった。次に述べる村山投手と投手の両輪として巨人の長嶋・王と対峙して、巨人と阪神のライバル関係の象徴となった。しかし、どちらかといえば王を苦手としており、本塁打を多く打たれた。「両雄並び立たず」のことわざ通り、小山・村山はどちらが真のエースかを巡って賞（例えばMVPや沢村賞）の争いも村山が多く獲得したことも手伝い、小山は大毎オリオンズの好打者・山内一弘との「世紀のトレード」で阪神を去ったのである。小山は21年のプロ生活で320勝232敗、防御率2・15という素晴らしい成績を残した大投手であるが、巨人との関係に注目すれば次の村山と江夏のほうが深いので、小山はこの程度の記述で終える。

村山実〈1936〈昭和11〉年〜1998〈平成10〉年〉

1959（昭和34）年6月25日の巨人・阪神戦の天覧試合では、村山の投げた球を長嶋が左翼ポール際にホームランを打ち、阪神は巨人にサヨナラ負けした事実は、後楽園球場のところで既に述べた。後になって村山は「あれはファウルだ」と述懐しているが、天皇の前での抗議を差し控えたのだろう、と想像されている。

この試合を機に、村山は長嶋を生涯のライバルと意識し、巨人・阪神戦という伝統の一戦の認識に加えて、長嶋・村山のライバルとしても大きく世に知られるようになった。村山は61歳で亡くなったが、芦屋での葬儀でも、長嶋は村山が生涯の良きライバルであったと述べている。

ここで村山の球歴を振り返っておこう。彼については村山（1993）を参考にした。村山は兵庫県の尼崎市で育ち、高校は住友工業高校（2013年に閉校）、大学は関西大学であった。当時の東京六大学野球は高校球児にとって甲子園大会の出場とともに、憧れの的であったが、立教大学には進学できなかったので、地元の大学に進学した。関西大学ではエースとして活躍した。プロ入りに関しては、もう東京への憧れは捨てて、関心を示した巨人ではなく敢えて地元の阪神を選んだのは、むしろ巨人を叩きたい希望が上まわったのではないか、と解釈しておこう。

村山の投げ方は「ザトペック投法」と呼ばれていた。「人間機関車」として知られる長距離陸上選手の名前から授かったのであるが、ザトペックがそのような走り方をしていたのではなく、むしろ上半身を大きく振りかぶって投げる投法がザトペックの強靭な走り方、あるいは力感あふれる顔の表情が似ているという理由であった。眉の根を寄せて悲壮な顔をして投げる村山の投法は、それこそファンを虜《とりこ》にしたのである。

村山はフォークボールに特色があって、ホームベース手前で落ちる球を駆使し、空振りをとるのが得意だったので、奪三振王であった。シーズンにおける奪三振王は当然として、総奪三振も2271にまで達した。勝利数は222、敗戦数は147であったが、もっとも称賛すべきなのは防御率の2・09という低さである。吉田（2003）によると、もし当時の阪神の打力が貧打ではなく、強打であったなら、村山はもっと勝利数が増え、敗戦数が減少したであろうとしている。この吉田の予想は村山のとても低い防御率からも想像できる。すなわち村山は打たれてはいないが、味方が打てずに得点をしないので、結局は敗戦投手になってしまったのである。

村山と長嶋のライバルを象徴するのは、例の「天覧試合」以外にもう一つある。それは造事務所編（2015）に記されているように、村山は長嶋が打者として対決するとき、1500奪三振という記念の三振記録を彼から奪うと宣言しており、それを見事に達成させたのである。そういう記念になる三振を他ならぬライバルの長嶋から奪うと宣言し、それを実行してしまったのである。長嶋はライバルの村山に花を持たせようとして、半意図的に記念になる三振をしたかもしれないという悪い忖度があるかもしれないが、当時の映像を見ていないので、これは筆者の邪推としておこう。

なぜそういう邪推をするのか、二つの根拠がある。第1は、プロ野球の世界では、こういう記念になるときには選手は気を利かして、相手に花を持たせることはよくある風習である。第2に、長嶋のところで述べたように彼はファンを魅了できるような仕草をよくした経歴があり、村山に対してもそうした可能性はある。しかし、その邪推は筆者の勝手なものなので、真偽は不明であるし、長嶋・村山のライバル関係を疑問視するものでもない。

二人の直接対決の結果は、長嶋の本塁打21本、三振39、打率0・281であった。村山の全力投球、長嶋のフルスイングという二人の対決は、ほぼ痛み分けと解釈しておこう。

村山は現役引退後に阪神の監督を2度も務めたが、戦績は芳しくなかった。現役のときは初代の藤村富美男に次いで「二代目ミスター・タイガース」とされていたが、阪神が弱くなったときに監督になったし、内紛にも巻き込まれたので、不幸な監督生活であった。村山も「名選手必ずしも名監督ならず」の一例かもしれない。あれだけ燃えるような情熱でもって投球に励んだ選手なので、熱しやすく冷めやすい性格であったと想像できる。冷静な分析と判断が期待される監督業には、村山の情熱的な性格は向いていなかったかもしれない。

江夏豊〈1948〈昭和23〉年〜〉

好投手・江夏のライバルは巨人の王であった。若い頃は素晴らしい豪速球で三振をとれていたが、年を重ねるとともに変化球をもマスターして、村山に代わって阪神のエースとなっていた。ホームランを多産する王には対抗心をむき出しにして、王から三振をとることに生きがいを感じていた。

特に有名な逸話として、1968（昭和43）年9月17日の甲子園球場での巨人戦がある。これまでの球界の年間奪三振数の最大は、西鉄ライオンズの稲尾和久投手の353であったが、江夏は王から稲尾に並ぶ353個目の三振を奪っていた。日本新記録の354個目の三振も王から奪うと宣言して、王の打順がまわってくるまでの選手に対しては三振を奪おうとせず、やさしい球を投げてそれらの選手は凡打で打ち取ったのである。いよいよ王選手の打席を迎え、なんと見事に354個目を王から奪取して新記録を達成したのである（最終的には年間401奪三振の現・日本記録を達成）。江夏ほどの豪速球を持ち、かつ変化球もうまく投げる投手であれば三振を取るのはそう困難ではない。むしろ他の打者から三振を取らずに、それらの打者には打たせてアウトを取る投球術が素晴らしいと思う。

豪速球によって三振を奪うことに生きがいを感じる江夏にとって、野球ファンの忘れ難い思い出がある。それは1971（昭和46）年の7月17日の西宮球場でのオールスター戦である。オールスター戦では投手は3回（すなわち9つのアウト）しか投げられないのであるが、初回から江夏が投げていてなんと連続8人を三振に射止めていた。9人目も三振をとれば、全選手から三振を奪うというこれまで誰も成し遂げなかった偉業になるのである。9人目のバッターが一塁側にファウルを打ったのであるが、江夏は「捕るな」と捕手の田淵に叫んだのである。９人目も三振を取りたかったのである。これには後日談があって、江夏の自伝（２００１）ではファウルになることは自明な打球であるが、元気をつけるためにあえて「捕るな」と叫んだとされる。結局江夏は９人連続三振奪取を成し遂げたのである。

「９人連続三振物語」には余談がある。巨人の江川卓投手（後に述べる当時巨人の小林繁投手との有名なトレード事件の持主）は、１９８４（昭和59）年のナゴヤ球場でのオールスターゲームで、江夏同様に８人から連続三振を奪っていた。しかし９人目の打者に凡打を打たれてしまい、江夏のような偉業を達成できなかった悲劇のエース・江川については後に詳述する。

江夏は一匹狼のところがあったし、阪神は内紛の多い球団だったので、少し投球の衰えた江夏は南海にトレードに出され、その後広島、日本ハム、西武と渡り歩いた。阪神とのエピソードで言えば、南海に移った江夏のトレード相手は江本孟紀《たけのり》投手であった。彼は後に阪神をやめるときに「ベンチがアホだから野球でけへん」という有名な言葉を吐いたのである。阪神という球団は内紛を含め、個性豊かな選手が多く、マスコミが報道する機会が多いのである。これは関西一人気の球団の宿命でもあった。

江夏の名誉のために最後の一言。南海以降のチームでは往年の豪速球はなくなったが、変化球の冴えは素晴しかったし、投球での駆け引きは抜群であった。それは1979（昭和54）年の近鉄バファローズとの日本シリーズでの最終戦で見られた。1点リードの9回裏の一死満塁で、1ストライク0ボールの時に三塁走者が投球時に走り出したので、スクイズを見抜いた。近鉄の打者への投球を外して空振りさせ、三塁ランナーを刺殺したのである。そして二死二・三塁としてから打者を三振にとり、広島を日本一に導いたのである。「江夏の21球」として球史に残る偉業であった。

2 江川vs掛布、そして外国人選手たち

江川卓（1955〈昭和30〉年〜）vs小林繁（1952〈昭和27〉年〜2010〈平成22〉年）

江川卓はよく「怪物」投手と呼ばれる。野球の歴史の中で「怪物」と呼ばれた投手は、次の3名である。浪商高校の尾崎行雄、横浜高校の松坂大輔と、作新学院の江川である。江川の高校時代（公式戦）はノーヒットノーランを9回、うち完全試合を2回、三振奪取率は13・5である。甲子園の春の選抜大会では通算の三振を60個も取ったこともある。球速160キロを出したといわれる豪速球投手だったことは皆の知るところでもある。

松井（2009）によると、江川のキャリアでもっとも活躍の目立った時期は、高校時代、法政大学時代の4年生のとき、そしてプロ時代の1981（昭和56）年に20勝した年の、3つの時期とされる。しかし江川本人の言によると、自分でも一番球速の速かったのは高校時代とのことである。

「江川事件」として知られる1978（昭和53）年の巨人と阪神の間でトレードされた投手が小林であり、その相手が江川であった。「江川事件」については橘木（2016）に詳しい。ドラフトで阪神は江川を1位指名したが、巨人入りしか頭にない江川は阪神入りを拒否し続けた。すなわち1978年のドラフト前日に、巨人は江川と入団の契約をしていたのであり「空白の一日」事件と称された。阪神は江川の巨人との契約を無効として江川の指名という強硬策に出たのである。

江川は既に述べたように、作新学院高校時代から超一級の投手として知られ、本人の有名大学、有名チーム指向は強かった。高校のときに阪急ブレーブスの指名を断っていたし、慶應義塾大学の入学試験に失敗して法政大学に入学した。東京六大学野球でも活躍し、クラウンライターの指名を受けたが、これも拒否して1年間の浪人生活を送っていた。そして「空白の一日」事件で巨人と契約、そして翌日のドラフト会議での阪神の指名となったのである。この「空白の一日」とは、1977（昭和52）年のドラフトでクラウンにドラフト1位で指名されたが、それを拒否して1年後のドラフトを待つ姿勢にあったことが出発点である。ところがドラフトの1日前（つまり1978年11月21日）は選手はどこのチームとも自由に契約できると、巨人と江川は入団の契約をしてしまったのである。

1日前の契約の有効性を主張する巨人と、新しい年のドラフトの有効性を主張する阪神の間で争いとなったのである。

社会は「江川はどこの球団に行くべきか」を巡って、特に球界を代表する巨人と阪神という名門チーム間の紛争だったので、大騒動となったのである。「悪」の江川を象徴して「エガワル（悪）」という言葉まで流行した。コミッショナーは当初は阪神の主張を支持していたが、どこかからの圧力に負けたのか、巨人の主張に理解を示すようになっていた。阪神も徐々に巨人の意向に耳を貸すようになったのである。

結論は次のようになった。阪神は江川と入団の契約をするが、すぐに巨人のエース・小林繁とのトレードという決着であった。そのときの阪神の球団社長が小津正次郎であったが、彼はこの騒動を利用して阪神を有利に導こうとして、「オズワルド」と呼ばれた付録もあった。

なぜ阪神が正論を引っ込めて、コミッショナーの意向に従ったのか。諸説がある。当時の球界の盟主である巨人のオーナーである読売新聞が、運輸省（現・国土交通省）を動かしたとの声がある。阪神のオーナーである阪神電鉄は、監督官庁の運輸省の意向を無視できなかった、との説がある。当時は官僚による公的規制の強い時代だったので、ありうる説ではあるが、真偽は不明である。

この騒動の責任を取ってコミッショナーは辞任したという後日談がある。むしろコミッショナーの弱腰が気になるところである。強い権限を持つアメリカのコミッショナーであれば、もっと強い決断をしたと予想できる。

後日談はまだ続く。造事務所編（２０１５）は江川と小林の直接対決の結果を表にしている。移籍の年は巨人が阪神戦での江川の登板を避けたので直接対決はないが、小林は巨人戦に８試合登板して８勝０敗という完勝であった。悲劇の細腕エースの小林が、巨人に対して鬼気迫る熱投に徹した姿に感動したのである。なお、その後の二人の直接対決は小林の２勝、江川の７勝だったので、トレードの年以外は江川の勝ちであった。これは小林の実力が下り坂、江川の上り坂の反映でもあるし、チーム力も阪神が巨人より弱かったのも影響したのである。

江川卓 vs 掛布雅之（1955〈昭和30〉年〜）

長嶋・王 vs 小山・村山・江夏のライバル関係は、巨人が打者で阪神が投手という有名な対決であったが、この二人は江川が投手、掛布が打者なので、その逆である。ミスター・タイガースと呼ばれた藤村富美男、村山実、田淵幸一に次いで四代目のミスター・タイガースの掛布雅之である。ただしホームランバッターだった捕手の田淵に関しては、後に西武ライオンズに移ったこともあって、ミスターではないとの説もある。日本においては、「ミスター〇〇〇〇」と呼ばれる選手は入団から選手生活を終えるまで、その球団に在籍し続けていた、という掟があるかもしれない。ミスター赤ヘルの広島カープの山本浩二しかりである。従って掛布は三代目かもしれない。

掛布は千葉県の習志野高校で野球部に所属し、甲子園の全国大会にも出場したことがあった。阪神には6位のドラフトで入団したが、2年目からレギュラー三塁手になるという、高卒にしては早い一軍選手としての登場であった。1979（昭和54）年には阪神選手の新記録である48本の本塁打を打つスターに成長したし、その後も何度かホームラン王になったので、ミスター・タイガースの称号が授けられた。

江川vs掛布のライバルは、巨人対阪神という伝統の一戦の中で、好投手の江川とホームランバッターの掛布の間での厳しい闘いを称するようになったのである。江川・掛布（2010）の中で、二人はお互いの相手を意識していたことを明かしていたし、掛布は江川から好打を放ちたいと思っていたし、江川は掛布を三振かアウトに取りたいと願っていたと話している。江川は直球勝負を掛布に挑むことが多かったし、掛布もそれを期待していたので、二人はライバル関係にあったとみなしてよい。

二人の間の対戦成績は、167打数48安打の率として0・287、ホームランは14本、三振は21というものなので、掛布が江川を打ち崩したと理解してもよい。むしろ二人に共通することは、現役を引退してから両人とも阪神や巨人に残って一軍のコーチや監督をしたことがない点である。老舗球団ではOBを監督・コーチにする伝統があるが、二人はそうではなかった。ただし掛布は後年になってから2年間だけ阪神で二軍監督をしている。

むしろ二人の共通点は、日本テレビ系列の野球解説者として活躍したのが特筆される。江川の論理に立脚した解説は心地良かった記憶がある。一方の掛布は関西地方の読売テレビ（日本テレビ系列）で放送される解説において、出身の阪神よりも巨人びいきの発言が多くて、関西では不評だったとされる。チームを代表する選手だった二人ともOBの巨人や阪神で幹部になれなかったのは、江川は入団の経緯で社会を騒がせたところがあったとして、巨人からは要注意人物になっていたかもしれないし、掛布は飲酒運転や自己の事業の破産といったことが災いしたとされる。

外国人選手列伝：クロマティ、バース、ジョンソン、グリーンウェル

巨人と阪神に在籍した外国人選手のうち、ものすごく活躍した選手とまったくダメだった選手をそれぞれ一人ずつ挙げておこう。

活躍した選手は巨人ではウォーレン・クロマティ、阪神ではランディ・バースである。

クロマティは1984（昭和59）年から1990（平成2）年までの7年間巨人に在籍した。7年間の打率が0・321と非常に高くて、安打製造機と称されてもよいほど打撃で貢献した。さらに一度の首位打者というタイトルも1989（平成元）年に獲得したし、その年の打率は0・378という高打率であった。

バースは1983（昭和58）年から1988（昭和63）年までの6年間の在籍であったが、その活躍振りは日本に来た外国人選手の中でもトップ級であった。シーズン打率が0・389という日本での最高記録保持者であるし、2度も三冠王に輝いた最強の打者であった。

巨人のダメな選手は、記録上はデービッド・ジョンソンより悪い選手はいるかもしれないが、印象深い選手の代表なのでここでは彼に言及する。筆者がアメリカのボルティモアにいたとき、ワールドシリーズで優勝した強いチームのオリオールズの二塁手が巨人に入

団したのである。巨人にとって初めてのメジャーリーガーだったので、筆者の関心を呼んだし、鳴物入りの巨人入団であった。しかし日本の野球に不慣れなことや怪我もあって「ジョン損」と呼ばれるほどの不振であった。2年で帰国したが、本国では監督を務めたし、WBC（ワールド・ベースボール・クラシック）のアメリカ代表監督で本人をテレビで観たときはなつかしかった。

阪神のダメ外国人代表は、マイク・グリーンウェルであろう。強いチームで有名なボストン・レッドソックスでの有名選手であり、通算打率も0・303という強打者であった。阪神は当時は最下位を続けていた弱いチームだったので、年俸3億円という大枚をはたいて大リーガーに期待したのである。1997（平成9）年の来日当初はそこそこ良い成績を残したが、すぐに絶不調となり、ついに自打球を足に当てて骨折してしまった。ほんの数週間（しかもアメリカに一時帰国もしている）の日本滞在の末に阪神を退団して、アメリカに帰国したのである。

有名選手列伝

ここで登場する巨人と阪神の選手は、沢村対景浦、川上対藤村、長嶋・王対小山・村山・江夏、江川対掛布といった大物打者と大物投手の間の宿命のライバルといったものではなく、好選手も当然いるが、話題性の高い選手も登場する。

まず巨人であれば、監督を３度も務める原辰徳（１９５８〈昭和33〉年〜）である。甲子園の高校野球では東海大学付属相模高校の選手として活躍し、「カッコのよい若大将」として人気を博した。東海大学を経て巨人に入団した。好打の原として鳴らし、見事入団の年（１９８１〈昭和56〉年）には新人王を獲得したし、２年後には打点王にも輝いた。本塁打の打てる4番バッターとして、川上、長嶋、王に次ぐ選手であった。とはいえ球界を代表する川上、長嶋、王には少し及ばないとされるが、これはこれらの選手が偉大すぎるからによる。巨人はほとんどにおいてOBしか監督にしない伝統があるが、原はその中でも13年も監督職にあったし（ただし２０１９〈令和元〉年現在）、優勝回数（日本一も含めて）も多いという好成績を残している。

原に続くと予想されるのは阿部慎《しん》之《の》助《すけ》（１９７９〈昭和54〉年〜）である。守備の重要な捕手でありながら首位打者と打点王を取ったことがあり、次の監督は決まりとの説が強い。生え抜き重視の巨人なのでなおさらである。

もう一人のスター選手は松井秀喜（１９７４〈昭和49〉年〜）である。甲子園大会で高知の明徳義塾高校から5打席連続敬遠という徹底的な作戦に遭遇したほどのホームランバッターであった。高校時代は阪神の掛布選手に憧れていたので阪神希望であったが、巨人の長嶋監督がドラフトのくじを引き当て巨人に入団した。「怪物」「ゴジラ」という別名のあるほどの大柄な選手で、巨人での10年間に首位打者を1度、本塁打王を3度、打点王を3度も取ったことのあるスラッガーである。その後アメリカのニューヨーク・ヤンキースをはじめ、いくつかの球団で10年間活躍した。

ファンからは巨人の監督に戻ってほしいとの声は強いが、オーナーである読売新聞グループ本社の渡邉恒雄社長から、アメリカに渡ると決めた松井が「売国奴」と呼ばれたのを気にして、巨人には戻らないとの噂がある。いつまでも戻らない松井に対して、引退した捕手の阿部が次の監督になるだろうとの声があるので、復帰はないとの予想が強い。阪神ファンからは、巨人に戻らないのなら昔好きだった阪神にこい、との冗談めいた声もある。

巨人の原、松井、阿部を論ずれば、東京でエリート街道を驀進する人との印象が強いが、阪神に眼を転じると庶民の街・大阪にはふさわしくないのか、エリート選手は少ない。その中でも敢えて阪神のエリートを一人挙げておこう。それは岡田彰布《あきのぶ》内野手・監督（１９５７〈昭和32〉年～）である。

大阪の北陽高校（現・関西大学北陽高校）から入学した早稲田大学では１年からレギュラーを張り、３年生のときには三冠王をも獲得した。後に示すように阪神には早大閥の存在がある。ドラフト１位で阪神に入り、レギュラー内野手として好打を放ったが、打撃部門のタイトルの獲得経験はない。ただし新人王は獲得している。彼に関して一番記憶に残るのは既に述べたが、甲子園球場での対巨人戦におけるバース、掛布、岡田のバックスクリーン３連発の本塁打であった。

阪神を退団後は一時期オリックスにいたが、その後阪神に戻り、コーチ・監督を務めた。２００５（平成17）年には監督としてセリーグ優勝を果たしたこともあったが、５年間の在籍中の成績はそこそこ良好であった。生え抜きの早稲田出身エリート選手の監督として期待されたが、巨人ほどの選手層の厚さを阪神は持っていなかったので、名監督という称号を得るほどの実績を示せなかった。何度かの優勝をしてこその名監督という定義に忠実であれば、阪神の監督には名監督と称することのできる人は、少なくとも戦後には存在しなかった。

阪神には庶民の街・大阪を代表するような話題を提供した選手がいるので紹介しておこう。1人目は川藤幸三《かわとうこうぞう》（1949〈昭和24〉年〜）であり、彼については造事務所編（2015）から知り得た。まずは下位のドラフト9位で1967（昭和42）年に福井県の若狭高校から入団した。入団当初は時折一軍の試合にも出場していたが、怪我もあって主に代打専門の選手として生きることとなった。

19年間も主に代打専門という補欠まがいの選手でありながら、阪神をクビにならなかったのは「球界の七不思議の一つ」と広島の衣笠祥雄選手に言わしめたほどである。川藤の存在意義はチームの和を図るために、ベンチ内で選手間のコミュニケーションを活発にする役割と、時には選手と一緒に飲みに行く手段を講じたのである。選手としての貢献よりも、球団内のまとめ役としての存在意義が大きかったので、「球界の春団治（上方落語の重鎮を意味する）」とも称された。なんと1985（昭和60）年の優勝のとき、吉田監督、主砲・掛布に次いで、川藤は第3番目として選手によって胴上げされたのである。それだけ選手の間での人望が厚かったのである。

プロ選手としての実績は895打数、211安打、16本塁打、108打点、打率0・2

36というまったくの目立つ成績ではないが、ユーモラスな言動とチーム内での人の和を図る姿勢が、選手とファンの間で人気の的となった。こういう選手が実力世界であるプロ野球界で19年間も生き続けたのは、大阪という街の持つ庶民性、お笑いを敬愛する地域性による賜物である。2010（平成22）年からは阪神のOB会の会長を務めている。

これに似た選手が新庄剛志《しんじょうつよし》（1972〈昭和47〉年～）である。福岡県の西日本短期大学附属高校からドラフト5位で入団した。彼については山田（2011）を参考にした。目立つ赤いリストバンドと茶髪をなびかせながらの派手な打撃と走塁は、観ている人の気持ちをひきつけ、一躍人気の選手となったのである。同じ時期に亀山努《つとむ》（1969〈昭和44〉年～）というとても足の速い選手がいて、スライディングがうまく、新庄との二人のコンビは人気者となったのである。「亀新フィーバー」これは当時の阪神は非常に弱いチームだったので、勝つことに餓えており、この二人の派手なパフォーマンスしか魅力がなかったという事情もある。

特に新庄の場合には阪神での在籍10年における平均打率0・250前後、本塁打145本はそこそこの成績であった。それに何よりも守備、打力、走塁にド派手さがあったし、ファンが喜ぶようなパフォーマンスをすることが多かったのである。それは野球の試合中のみならず、場外での記者会見などでも披露され、「新庄劇場」と称されるほどの特異なものであった。

極め付けは、筆者もよく覚えている1999（平成11）年6月12日の巨人戦で起こった、延長戦の12回裏の一死一塁・三塁のサヨナラのチャンスに、敬遠フォアボールを巨人の投手（槙原寛己《まきはらひろみ》）が投げようとしていたが、新庄はホームベースからはるか離れたボール球を飛び付いて打って、三遊間を抜くヒットを放ったのである。とてつもない外れボールをヒットにしてサヨナラ試合としたのは、意外性を持つ新庄だけにできることであった。

掛布・バース・岡田のバックスクリーン3連発の投手も巨人の槙原だっただけに、因縁の深い巨人・阪神を思い出させる。しかし新庄のような選手は巨人では生まれないだろうな、と予想できる。球界の盟主でしかも「選手に紳士としての行動」を要求している巨人であれば、新庄のようなド派手な格好をして目立つプレーをし、かつ大笑いを誘うような日頃の言動を行うことは暗黙に禁じられているというか、誰もしないように思う。エリート球団と非エリート球団の違い、あるいは東京の上品さと大阪の庶民性という社会特性の違いの反映でもある。

第3章

経営と労働としての評価

阪神と巨人を企業体とみなしたとき、
その経営状態はどのように評価できるのか。
そして大阪と東京の経済力を比較して
見えてくるものとは何か。

これまでの章では、巨人と阪神というチーム、そしてそれらに属した野球選手のライバル関係を論じてきた。

ここでは巨人と阪神の位置する東京（あるいは関東）と大阪（関西）の背後にある経済力の比較を行ってみよう。そして両チームの親会社のことなどにも関心を寄せてみよう。

東西の経済力比較

巨人の位置する東京、あるいは首都圏、そして阪神の位置する大阪、あるいは京阪神圏の経済力を比較しておこう。背後の経済の実力というものが観客動員数をはじめ、経営実態に直接、間接の影響を与えるので、そのことをまず知っておこう。

まず人口の推移である。表3－1は戦後から現在まで、東京圏と大阪圏の人口がどう変動したかを示したものである。ここで東京圏とは、東京都、神奈川県、千葉県、埼玉県をさし、大阪圏とは、大阪府、兵庫県、京都府、奈良県をさす。いくつかの都道府県では東京ドームや甲子園球場まで野球を観戦に行くには遠すぎる地域も含んでいるが、そういう地域の人口数は少ないのでここでは無視しても問題は小さい。

表3-1　戦後の東京圏と大阪圏の人口推移

（千人）

	1955年	1975年	1995年	2015年
東京圏	15,424	27,042	32,577	36,126
大阪圏	10,951	16,773	18,260	18,351

出所：町田俊彦
www.senshu-u.ac.jp/~off1009PDF/160520-geppo635/smr635

二大都市圏ともに人口増加が見られるが、その増加率には大きな差がある。１９５５（昭和30）年の東京圏の大阪圏に対する倍比は１・４０であったが、１９７５（昭和50）年では１・６１、１９９５（平成７）年では１・７８、２０１５（平成27）年では１・９６まで上昇している。東京圏に日本各地から人口が多数流入したが、大阪圏はその伸びが鈍いのである。すなわちこの60年間に東京圏では実に人口が２・３４倍に増加したのに対して、大阪圏では１・６７倍の伸びにすぎないのである。現代に注目すれば、東京圏は大阪圏の実に2倍弱の人口を抱え込んでいるので、大きな人口数の格差なのである。スポーツをはじめ、様々な経済活動に関与する人々の数の違いに大きく反映されること間違いない。

その最たるものが経済格差である。２０１５（平成27）年の国勢調査によると、ＧＤＰ（国内総生産）で評価すると、東京圏が１６５兆円（東京93、神奈川31、千葉20、埼玉21）であり、大阪圏は71・５兆円（大阪38、兵庫20、京都10、奈良３・５）である。東京圏は大阪圏よりも実に2・31倍の経済規模の大きさなのである。人口格差と経済規模格差がほぼ近い値にあることに留意されたい。

戦前、あるいは戦後の20～30年間は、東京圏と大阪圏の経済にはこれほどの格差はなかった。確かに政治と官庁の中心地である東京、商業と経済の中心地である大阪というイメージが強かったように、経済に関しては東京圏が大阪圏よりやや強いとはいえ、それほどの差はなかった。高度成長期あたりから発生した日本の大変動、すなわり「東京一極集中」と「関西の地盤沈下」という象徴的な言葉で代表されるように、東京圏はますます繁栄し、一方で大阪圏の衰退が目立ち、両者の経済的な格差はとても拡がってしまったのである。

本書は経済学の書物ではないので、なぜ東京と大阪の経済格差が拡大したのか、詳しくは議論せずにごく簡単に箇条書きだけしておこう。

①東京という大都市圏での経済活動には集積効果がある。生産、輸送、販売などの諸活動を一極だけに集中すると、規模の効果があるし、効率的にそれらの活動を行える。大量の資本（すなわち資金）、労働（すなわち働き手）も容易に調達できる。

②日本は官庁の規制が弱まったとはいえ、まだかなり残っている。官庁が東京にあるので、企業がその近くにいたいと願うのは自然である。

③東京に情報の集中が進んでいるので、東京にいるとすぐにそれらを収集できるし、ビジネス上の交渉も距離が近いのでやりやすい。

これらは人々が東京に集まり、経済活動を効率的に行えるメリットであるが、デメリットもなくはない。交通の混雑、狭い住居の住みにくさ、そして大災害が発生したときのリスク、など様々あるが、ここでは指摘だけにとどめておこう。

東京に経済が一極集中し、大阪の経済が地盤沈下すれば、その地域にある代表的な野球チーム、巨人と阪神は正反対の影響を受ける。すなわち人口が多く所得の高い東京では観客は多く集まるし、強い巨人を「野球界の盟主」とみなす一方、所得が東京より低い大阪では阪神の弱いときには観客は集まりにくい。この現象が成立した時期もあったが、東京への劣等感を克服する手段の一つとして、熱狂的に阪神を応援して巨人を打ち負かすことにだけ生き甲斐を感じる人々もいた。これについては後に再述する。

親会社の違い：新聞社と鉄道会社

日本のプロ野球界は特殊な経営形態にある。日本のサッカーやバスケットといったプロチームはクラブが経営主体であるし、外国のプロチームもほとんどそうであるが、日本のプロ野球だけは親企業の傘下にある子会社組織がチームを運営している。なぜ日本のプロ野球がこのような経営形態になったのかの歴史的経緯と、その良し悪しについては橘木（2016）に譲る。

日本のプロ野球球団を所有していた企業は、旧い時代では新聞社、鉄道会社、映画会社が中心だったが、その後この三種の企業体に代わって今では食料品会社やIT企業が所有者になっている。ところが興味あることは、巨人も阪神も所有者として消えていった業種（すなわち新聞社と鉄道会社）の中では数少ない生き残り会社なのである。かろうじて他で残っているのは、中日新聞の中日ドラゴンズと西武鉄道の西武ライオンズくらいである。

換言すれば、プロ野球球団を手放した親会社として、毎日新聞、産経新聞、南海、近鉄、阪急、東急、西鉄などがある。巨人と阪神は大昔からの親企業がそのまま続いており、球団の老舗とともに親企業も老舗なのである。言わずもがな、それらは読売新聞社（読売新聞グループ本社）と阪神電鉄（今は阪急阪神ホールディングス）である。なぜ読売新聞社と阪神電鉄が巨人と阪神を手放さなかったかといえば、一つの理由として両球団は老舗であることに加えて、人気球団なので親企業にとって子会社の球団を持つことのメリットがとても大きかったのである。どのようなメリットかといえば、両球団は黒字経営なので親会社にとっては経済支援する必要はないし、なによりも読売新聞社と阪神電鉄の知名度を上げるのに大いに貢献したからである。

ところで巨人と阪神は親会社との関係でいえば、持ちつ持たれつの関係にもある。巨人と読売新聞に関しては、読売新聞の紙面記事で巨人に関する報道が大きく扱われるのは不思議ではなく、巨人の宣伝に役立つのである。阪神と阪神電鉄に関しては、ファンが大阪や神戸から西宮市にある甲子園球場に行くには、阪神電車を利用せざるをえないのである。

この子会社と親会社との関係は、実は阪急ブレーブスにも当てはまっていた。すなわち西宮市にあった西宮球場は阪急球団の本拠地であって、阪急の試合を観に行くには阪急電車を利用するのであるが、阪急ブレーブスは不人気球団だったので、持ちつ持たれつの関係ではなかった、とはいえ阪急沿線の宝塚市にある「タカラヅカ」は人気興行なので、電鉄会社とは持ちつ持たれつの関係にある。

持ちつ持たれつの関係であっても、関係のぎくしゃくすることもあった。それは球団の社長や幹部職に親会社から派遣される人が多く、野球のことをさほど知らない人が球団の経営にあたることにより発生する。あるいは親会社のオーナーすら時折世間を騒がせることがある。

前者の例は1973（昭和48）年の阪神に発生したのであり、戸沢一隆という阪神球団の社長で、親会社である阪神電鉄からの派遣であった。ケリー（2019）によると、戸沢は「タイガースの一番いい終わり方はジャイアンツが優勝し、タイガースは奮闘したが一歩及ばず2位に終わることだ」と発言し、スポーツ紙に掲載されたのである。優勝争いが続けば観衆は最後まで球場に来てくれるし、2位なら選手の給料を上げずに済む、という企業経営者の本音を丸出しにした発言だったのである。

実は阪神は万年2位の名誉（あるいは汚名）を持つ球団であった。その事実は第1章で記述している通りである。戸沢社長の発言は経営者としては別に非難されるべきではないが、選手とファンの心情を逆《さか》なでするものであり、社長による有名な（あるいは悪名高い）言葉として後世にまで残ったのである。選手は優勝を目指して日頃の練習と試合に臨んでいるのであるし、ファンもそれを期待して連日球場に足を運んでいるのであるから、経営トップがこのような姿勢とわかると残念に思うのであった。野球、あるいはスポーツを知らない経営者は心に思っても、このような発言はすべきでなかった。

巨人にもオーナーが野球のことをさほど知らずに、言動することがあった。一つの事実は、正力亨《とおる》読売新聞社主（巨人のオーナー）が慶應義塾大学の卒業生であることから、巨人の選手として慶應卒の採用をまわりが忖度して、二人の慶應卒をドラフト1位で入団させたことがあった。上田和明内野手と大森剛《たけし》内野手・外野手であった。上田は8年間の巨人在籍で打率0・202、大森は巨人7年・近鉄1年の在籍で打率0・149という不振なプロ野球での成績であった。スポーツの世界、学歴が有利に作用することもあるが、最後は実力で評価が決まる事実を、巨人の例で知ることができる。二人ともレギュラー選手にはなれず、似たような成績しか残せなかった。ただし大森は巨人のフロント時代に著書（2014）がある。

もう一つの例は、読売新聞社長だった渡邉恒雄である。新聞界は当然として政界にも顔の利く超大物である。自ら「球界の独裁者」と名乗るほどの球団のワンマン経営者であり、巨人のことは彼の鶴の一声でほとんどが決まるというほどであった。彼のことを書くとなるとそれこそ本を一冊書かねばならないので、ここでは多くを語らない。「野球のことは知らない」と公言していた渡邉なので、巨人と日本のプロ野球の発展には半分素人として役割を果たした面もなくはないが、功罪半ばした貢献をした人である、とだけ記しておこう。

プロ野球の経営形態

プロ野球の球団は株式会社組織なので、その経営状況は球団別の公表する決算報告が頼りになる。しかし既に強調したように、日本のプロ野球は親会社の子会社として存在しているので、子会社の決算報告は上場企業と比較して詳細な財務諸表を公表する義務はない。ごく簡単な決算公告を公表しているだけである。

しかも子会社たる球団は、親会社の宣伝・広告媒体として存在しているので、球団自体の収入と支出のみでは全体を把握できないし、評価も困難である。換言すれば、球団が単体では赤字であっても、親会社はその赤字を補填するために、資金を球団に支給しているのが普通である。繰り返すがこれらの補填は親会社からすると宣伝・広告費とみなせるので、そう痛くもかゆくもないのである。新聞、雑誌、テレビなどで連日球団名が出現するので、それらは球団のみならず球団名と親企業が名前を共有しており、親企業にとっても宣伝・広告となるからである。

よく言われるのは、球団の単体だけで経営が黒字であるのは、巨人、阪神、広島、そして最近ではソフトバンクがそうであるとされている。広島は市民球団という顔をも有しているので、通常の読売新聞社―読売ジャイアンツ（巨人）、阪急阪神ホールディングス―阪神タイガース、ソフトバンク―ソフトバンクホークスの親会社と子会社との関係と同じとはみなせないが、詳しいことは述べない。

球団の収支を大雑把に区分してみよう。収入に関しては、①球場でのチケット販売収入、②球場内の物品販売、③テレビなどの放映権収入、④グッズ販売収入（マーチャンダイジング：商品化権）、⑤広告料などのスポンサーシップ、に大別される。

アメリカではテレビ放映権料が莫大な額になっているので、大リーグの財政が豊かである理由の一つになっているが、日本では後に示すように巨人の試合でのテレビ視聴率の低下により、放映試合数が減少したことと放映権料の下降によって、その役割が小さくなっている。球場内の物品販売は、球団が球場を持っている場合（例えば阪神甲子園球場）と球場を賃借している場合では、誰がその収入を得るのかが異なってくる。広告看板などのスポンサーシップも同様である。

支出に関しては、①選手の年俸、②役員・職員の給料と事務運営経費、③キャンプや遠征試合の経費、④賃借しているときの球場使用料、に大別される。

球場を持っていない球団においては、球場使用料がかなりの負担となっていることに特色がある。阪神は甲子園球場を保有しているので、球場使用料は発生しないが、巨人は東京ドームの使用料を払っている。はっきりしたことはわからないが、年額で20億円を超える額とされている。

もちろん自球団で球場を保有すれば賃貸料、球場使用料を節約できて球団経営にとってはプラスであるが、建設費用が高いのでなかなか自球団で建設できない。一つのアイデアとしては、地方公共団体が公共事業として多目的の球場を建設すれば税金の投入があるので、球団の負担はゼロないし少額ですむ。多目的の球場ならば、野球以外の行事を挙行することによる収入が生じるので、自治体にとってもプラスだし、プロ野球の試合のための使用料も低額にできるのである。このアイデアを実現するには、その地域における住民の支持が必要だし、球団をはじめとした諸団体が、球場を野球以外の文化・スポーツ施設である公共財としても利用するという合意が必要となる。

その代表例は日本ハムが本拠地にしている札幌ドームである。しかし日本ハムは最近になって札幌郊外に独自の野球場を建設すると発表した。ドームの使用料を払うよりも、独自で阪神の甲子園球場のような形式にすることを望んだと思われる。

球団の財政状態は球団が上場企業でない限り、既に述べたように公表は義務ではないので、公表している球団もあるが、公表されていても100パーセント信頼できず、第三者が類推するしかない。財政規模はおよそのところ弱小球団の100億円前後から、繁栄を誇っている球団の200億円前後とされている。日本では収入に関しては、①球場でのチケット販売収入が80パーセントから90パーセントを占めているので、球団がどれだけの数の観客を集められるかが収入の決め手となる。巨人と阪神、そして最近では福岡ソフトバンクは観客動員に優れているので黒字経営となり得る。

支出に関しては、当然のこととして所属選手への年俸支払いや契約金額が総支出のうち最大の比率になっている。表3－2によって球団別の選手年俸額を示すが、球団の収入が潤沢であれば高い年俸を出せるので、優れた選手を保有できるのは当然で、その球団は強くなれるのである。換言すれば、観客動員数の多い球団は収入が多く、強くなれる可能性を秘めていると結論付けられる。

現在セ・パ両リーグ12球団のうち、最も強い球団は福岡ソフトバンクである。最近の優勝年（リーグ優勝）は2010（平成22）、11、14、15、17年であるし、セ・パ交流戦でも2008（平成20）、09、11、13、15、16、17、19年で第1位である。それに何よりも日本シリーズで2011（平成23）、14、15、17、18、19年の優勝である。これは観客動員数や親会社からの支援も手伝って、球団収入額も高いことが一つの理由である。一昔前、球界の盟主は巨人と言われたが、今ではそれに代わって福岡ソフトバンクになっている。

表3－2は球団別の選手一人あたりの平均年俸と選手年俸総額を示したものであるが、ここでもソフトバンクが年俸でトップであり、球界の盟主であることがわかる。

ソフトバンクの隆盛と東京一極集中の弊害

実はこの福岡ソフトバンクの隆盛を、筆者は別の角度から高く評価している。それは日本の東京一極集中の姿を少なくとも野球の側面から変えているからである。東京の巨人が球界の盟主ならそれは東京一極集中の一つの象徴であったが、巨人の弱体化・ソフトバンクの隆盛は、東京一極集中を日本にとって望ましくないと判断している筆者にとっては好ましい現象なのである。詳しくは橘木（2019）を参照されたい。簡潔に述べておこう。

東京一極集中にはどのようなメリットとデメリットがあるだろうか。まずメリットから始めよう。第1に、経済活動が集中するだけに、生産、販売、資本と労働力の調達、流通などすべてが効率的に行われるので、生産性がとても高くなる。これを経済学では「集積

表3-2　プロ野球各球団の平均年俸と年俸総額（外国人選手除く）

順位	球団名	平均年俸（万円）	年俸総額（万円）
1	福岡ソフトバンクホークス	7,131	42億0,744
2	読売ジャイアンツ	6,107	36億6,443
3	東北楽天ゴールデンイーグルス	5,100	31億1,068
4	広島東洋カープ	4,236	25億4,138
5	埼玉西武ライオンズ	3,972	23億8,341
6	阪神タイガース	3,863	22億7,902
7	北海道日本ハムファイターズ	3,798	22億5,474
8	横浜DeNAベイスターズ	3,592	21億9,122
9	東京ヤクルトスワローズ	3,351	20億4,384
10	中日ドラゴンズ	3,179	19億3,944
11	オリックス・バファローズ	3,038	18億2,297
12	千葉ロッテマリーンズ	3,035	19億1,198

＊順位は選手の平均年俸による（2020年）。
出所：日本プロ野球選手会の公表資料に基づき筆者作成

の効果」として評価している。これがその国の経済を強くする一つの要因となる。

第2に、首都圏には政府もあるので、民間経済と政府の関係、交渉がスムーズに行えるのであり、これも効率性の向上に役立つ。

第3に、スポーツや文化の活動が首都圏には多いので、そこに住む人々はそれらの活動を直接楽しむことができる。

しかしかなり大きなデメリットもあるので、いくつか指摘しておこう。第1に、経済活動が効率的であれば、そこで働く人の所得が高くなる。東京都と沖縄県の県民所得の格差は約2倍にもなっており、中央と地方の所得格差が拡大することが避けられない。

第2に、もし地震、大火災、原発事故、台

風など大規模な災害が発生すれば、経済活動や人命が大被害を受けて、日本壊滅になりかねない。１９２３（大正12）年9月1日に起きた関東大震災による被害の大きさには計り知れないものがあった。このお蔭で東京は近代化に脱皮できたとの見方もあるが、これには１００パーセントの説得力はない。どれだけ大被害を受けたのか、のほうが大切である。

第3に、人口が密集するだけに、人々は交通、住居、環境などの分野で劣悪な生活条件を強いられる。地方の緑の多い、広い家に住むほうが、楽しい生活を送れる可能性は高いが、魅力的な仕事が多い東京だけに、通勤電車の混雑や狭い家に、好むと好まざるにかかわらず、多くの人が住まざるをえない。

第4に、今回の新型コロナウイルス危機は、東京がもっとも高いリスクにさらされた。人が多く密集しているからである。

話題を親会社とその子会社であるプロ球団の関係に戻そう。例えば並木（２０１３）では、日本のプロ野球は親会社の存在が発展を阻害しているとの論調がある。マスコミを中心にした親会社がテレビ放映権料のアップを好んでいないので、アメリカのようなテレビ放映による収入が増加しない、というのが並木の根拠である。筆者は球団は親会社からの赤字補塡をしてもらっていることが、球団の自主的な経営にとって障害になっているのでは、と判断している。球団の経営努力によって黒字にしたいという気力を持たせないようにしているのが、親会社による財政支援となっている可能性がある。

もっとも、球団と親会社を切り離して、球団は独立の経営主体として誰から（例えば親会社）の経営支援もなく、赤字を出さないような自主運営をしていけるかということになれば、今の日本ではまだ困難であると思われる。その根拠は、球団収入の大半を占めている球場のチケット販売収入を飛躍的に上昇させることのできる状況にないからである。

チケット収入額を増加させるには二つの方法がある。第1に、一人当たりの入場券料のアップ策である。第2に、観客動員数の増加である。

第1の方法には大きな期待はできない。少なくとも日本では野球は庶民の楽しむスポーツとみなされていたし、今でもそうなので、現在の価格よりも入場料を上げれば球場に足を運ぶ人の数は減少する可能性がある。アメリカ大リーグにおいても入場料が高くなっているとの批判の声をよく聞く。アメリカでは球場によっては少人数の観客しかいない試合をよくテレビで観るので、入場料の高騰が一つの原因と想像できる。あえて容認できる方策は、企業や高所得者の購入が多い内野席における上等席の入場料アップ策だけであろう。

第2の方法に関しては、野球の試合を今まで以上に迫力に富むものにして、人々が好んで球場に足を運ぶようにすることと、スター選手の発掘と養成によって人々が超一流のプレーを観に来るように仕向けることである。

第3に、もう一つの関連策は、1年間の試合数をアメリカ大リーグ並みの162試合に増加する案である。日本は143試合なので、19試合も増加することが可能であり、これが収入増につながると予想できる。試合数の増加は選手の身体の酷使につながるとして反対論はあるかもしれないが、アメリカでできて日本でできないという根拠はない。これに関して付け加えれば、日本ではシーズン前のキャンプが2月から、自主トレーニングを含めれば1月からと、オープン戦を含めればほぼ3カ月、シーズン前に長期間も身体を動かしている。現にアメリカの大リーグのキャンプ日数は短いし、オープン戦の日程も長くない。これらをもっと短くして、シーズン開始の時期を早めることによって、試合数を増加させ得る。

もう一つ親会社と子会社の球団の並存を現時点で擁護する根拠は、日本のビジネス界では親会社と子会社の並存はごく普通の商慣習として社会で容認されていることにある。この系列企業の存立こそが日本企業の強みの一つとして理解されている面もあるので、よく見られるような子会社が親会社の犠牲になるようなことが排除され、親会社と子会社の双方がメリットを享受しているのであれば、並存はプロ球界にあってもよい。繰り返すが特にプロ野球界に関していえば、親会社の赤字補塡に球団が甘えて球団自体の企業努力を弱めることはあってならないし、親会社が子会社に対して横暴に振舞うことのないように、コミッショナー機構の監視が必要であろう。

もっとも、日本のＪリーグのようにサッカーチームが独立組織として存在し、親会社からの支援にも頼らず、むしろ企業とはスポンサー契約のかたちで関係を持つ姿があくまで理想型なので、日本のプロ野球も将来的にはＪリーグのような運営構造になってほしいものである。そうすると地域密着型の産業になる可能性も高いので、これも東京一極集中を排除して地方活性化策に役立つのである。これについては橘木（２０１９）参照。

巨人と阪神の収益状況

表３－３によって巨人と阪神の収益状況を把握しておこう。既に述べたようにプロ野球球団の財務報告書は極めて簡単なものであるが、我々にとって重要なのは売上高と純利益なので、それらを表３－３でまとめてみた。

表3-3　プロ野球各球団の簡単な財務情報

	球団名	観客動員数（万人）	売上高（億円）	純利益（億円）
パリーグ	福岡ソフトバンクホークス	153	274	9.2
	北海道日本ハムファイターズ	195	104	3.8
	千葉ロッテマリーンズ	132	91	−0.04
	埼玉西武ライオンズ	161	106	2.4
	オリックス・バファローズ	176	82	——
	東北楽天ゴールデンイーグルス	152	105	4.6
セリーグ	読売ジャイアンツ	300	253	14.0
	阪神タイガース	287	124	5.6
	広島東洋カープ	211	142	7.6
	中日ドラゴンズ	204	98	——
	横浜DeNAベイスターズ	181	103	0.6
	東京ヤクルトスワローズ	165	77	−1.8

出所：『会社四季報業界地図2017年』東洋経済新報社

まず売上高に注目すると、トップはソフトバンクホークスの２７４億円であり、次いで巨人の２５３億円がそれよりやや低い第２位である。球界の盟主となったソフトバンクの面目躍如である。ところが純利益となると９・２億円となり、巨人の14億円がトップとなって順位が逆転する。ソフトバンクも巨人も選手の人件費が高いのであるが、ここではソフトバンクの人件費を含む経常費用が多額になって、巨人の純利益がソフトバンクのそれを上まわったのである。

阪神に注目してみよう。観客動員数が巨人の３００万人についでの２８７万人で、両チームは全球団の中で１位と２位という人気球団であることが、ここからでも確認できる。

ところが売上高になると、巨人はテレビ放映料が少なくなったので放映料の収入は減少したが、入場料金収入の大きさに加えて球場での飲食代、グッズの販売広告料収入などが好調で、売上高は巨人が阪神を大きくリードしている。これに応じて純利益額も巨人の14億円と阪神の5・6億円の2・5倍となっている。この巨人と阪神のかなりの利益差よりも、両チームとソフトバンクと広島が稼ぎ頭であることを強調しておきたい。巨人と阪神は安定した球団経営を行っていると結論付けられるのである。

巨人・阪神の話題から離れるが、純利益の非常に低い球団やゼロの球団、あるいはマイナスの球団もいくつか存在する。むしろ純利益のある球団は既に説明したように、日本のプロ野球の特有な制度として親会社からの補塡がない。むしろ過去には赤字球団が多かったが、今ではそれが減少しているので、良い方向に進んでいると理解してよい。

東京ドームと甲子園

巨人が主催試合を行った後楽園球場、そして今の東京ドーム、さらに阪神が今まで本拠地としている甲子園球場が設立された歴史的な経緯とその特色は既に述べたので、ここでは現状についてのみ簡単に述べる。両球場はかなり性格の異なることを強調しておきたい。

まず第1に、東京ドームは巨人や読売新聞社の所有物ではなく、独立の株式会社である。しかも資本関係もないので、巨人は試合を行うに際して使用料を払っているのである。1日に1800万〜2000万円の借料というからかなりの額であるが、巨人の試合は大人数の入場者があるので、巨人としては財政的にそう苦しくない費用である。一昔前に日本ハムファイターズも本拠地にしていたが、借料の高さが一つの要因で札幌に移ったとされる。

一方の甲子園球場はその歴史で説明したように、阪神電鉄（今は阪急阪神ホールディングス）の所有物なので、親会社が保有する子会社のタイガースが試合をするのであるから、実質的には借料はないとみなしてよく、費用負担にはなっていない。

第2に、球場の形態が大きく異なる、東京ドームは屋根付き球場なので、風雨の日に試合が中止になることはないが、甲子園は屋根なしの青空球場なので、中止になるときがある。しかも芝生が東京ドームは人工芝であるのに対して、甲子園は内野は土であり外野は天然芝なのでプレースタイルや選手に与える効果に違いがある。すなわち選手の守備や身体疲労に差を発生させているのである。

第3に球場の広さで言えば、両翼・中堅は東京ドームが広く、左右中間は甲子園。ただしフェンスは東京ドームの方が高い。むしろ東京ドームは室内球場独特の気流によってホームランが出やすいが、甲子園は特に浜風があるので右翼にホームランが出にくいとされる。この差は野球の戦い方に微妙な差を与える。すなわち巨人はホームランバーターに有利であるが、阪神は不利となる。

後楽園球場の時代には広さの不利を補整するために甲子園はラッキーゾーンを設けていたが、今は撤去している。ところが阪神は他の球場と比較して甲子園でホームランの出にくくなっていることを気にして、ラッキーゾーンの再導入を考慮中と聞く。今の時代はホームラン全盛の時代なので、近い将来にラッキーゾーンの再導入はありえよう。ソフトバンクホークスもヤフオクドーム（現・福岡ＰａｙＰａｙドーム）の外野に特別客席（ホームランテラス）を設けて、ホームランを出やすくしているのである。

第4に、東京ドームは野球の試合のみならず、コンサートやいろいろな催事を開催しているし、甲子園は高校野球の試合も開催するという特色を有している。特に阪神にとっては夏の暑い時期に甲子園を明け渡さなければならず、「死のロード」と言われた時代があって、敗戦の続く数週間をどう乗り越えるかが課題であった。でも現今は夏の時期に「大阪ドーム」という涼しい球場やセリーグの中日戦や巨人戦もドーム球場なので、炎天下の甲子園球場よりも快適に野球のできる時代であり、しかも遠征もホテル滞在は快適で、昔よりはるかに楽になっているので、「死のロード」という言葉は死語になっている。

以上をまとめると次のようになろうか。

東京ドームと甲子園の両球場は、観客動員数が1〜2位を争っているので、経営上から評価するとほとんど問題ないが、所有者の違いには留意しておきたい。大きな違いは室内か室外かの違いにあり、筆者は青空、あるいは星天の下で、あまりホームランの出ないところで「走る・打つ・守る」という細かい野球の楽しめる甲子園が好みである。これは阪神ファンであることと無関係な好みである。余談であるが、日本の数多くある球場の中で、筆者の好みは、「ほっともっとフィールド神戸」と松山の「坊っちゃんスタジアム」である。

最近3年間の巨人と阪神の戦績

ごく最近の巨人と阪神のパフォーマンス（戦績）を簡単に見ておこう。将来の両チームを予測する上で貴重な情報になるからである。

まず２０１７（平成29）年から始めよう。巨人は生え抜きの高橋由伸監督の2年目であり、得意な戦略である他球団からの移籍選手の獲得は、横浜からＦＡ移籍の山口俊投手と日本ハムからの陽岱鋼《ようだいかん》であった。さらにトレードで日本ハムから吉川光夫投手を獲得した。ついでながら彼は後に日本ハムに戻った。チーム生え抜きの日本を代表する強打の捕手であった阿部慎之助が、捕手から一塁手に定着するようになっていた。

巨人の成績は優勝した広島に分が悪く、７勝18敗という惨敗を喫したし、球団史上最悪の13連敗という汚名を残したシーズンであった。結局は成績は4位で終わったのである。

阪神はどうだったろうか。新入団からの生え抜きではなく、星野仙一《せんいち》監督の口説きで広島からＦＡ移籍した金本知憲選手が監督になっており、２年目のシーズンであった。金本は１４９２連続試合フルイニング出場という偉業を達成した人であるし、死球で手に傷を負っても片手で打撃をしたという気力の持主であった。この当時の阪神は生え抜きの選手よりも、アメリカから戻っていた福留孝介《ふくどめこうすけ》やオリックスからＦＡ移籍した糸井嘉男《よしお》などのベテランの活躍が光って、シーズンは2位で終了した。

球界ではよく知られたことであるが、巨人と阪神という金満球団は他チームの有力選手を引き抜くことで選手の質を高めていた。特に広島からの移籍が目立っていた。巨人であれば、野手の江藤智《あきら》と投手の川口和久、阪神であればここで紹介した金本の他に野手の新井貴浩などが有名である。逆に言えば、広島は若い選手をじっくり一人前に育て上げる術に優れている好ましい球団であり、巨人と阪神はそれが苦手という解釈もできる。

2018（平成30）年はどうだったろうか。まず巨人であるが、再入団としてOBの上原浩治《こうじ》をアメリカから獲得したし、中日からゲレーロも入団した。上原の場合には、素人の筆者からしてもアメリカ大リーグの最後の頃では、試合振りを見ていて衰えを感じていたので、OBに最後の華を飾らせようという温情が働いたのではないだろうか。むしろ巨人を離れて大リーグのカージナルスに移籍後に18勝という大活躍をしたマイルズ・マイコラス投手を取り挙げたい。巨人でもそこそこ活躍（2シーズン2ケタの勝利）したのであり、日本での成果が評価されてアメリカで成功した珍しい例である。

シーズンの成績に関しては第3位で終了した。生え抜き監督の高橋由伸は3年間優勝がないという、他の球団だと首にはならないそう悪い成績ではないながら、シーズン終了後には巨人を追われたのである。コーチなどの準備期間を経ずに選手をやめてからいきなり監督をさせられた高橋には同情の念を禁じえない。救いは高卒の岡本和真《かずま》内野手が、打率0・309、本塁打33本、100打点という好成績を残して、巨人の主力選手として阿部慎之助や坂本勇人《はやと》の後継者として育ったことにあった。

次に阪神に移ろう。この年は阪神には特筆すべき成果はなく、2001（平成13）年以来の17年振りの最下位で終了した。特にホームである甲子園球場での成績が39敗で最悪の成績だった。3年契約の金本監督だったので球団はもう1年務めてもらうつもりであったが、ライバルの巨人が3位ながら高橋監督との契約を打ち切ったのを知って、金本監督は最下位で生き残るのは許せないとして、自分から辞任すると申し出たとの報道がなされた。

なぜ阪神がこうも弱かったのか。それは今まではFA移籍の選手を中心にして外部の選手を入団させていて、それらの選手の活躍に依存していたが、生え抜きの選手の不甲斐なさが目立つようになったことが大きい。

例えば2016（平成28）年に新人王を取った高山俊《しゅん》外野手やエース投手だった藤浪晋太郎投手の大不振などが響いた。ついでながら生え抜きのベテラン鳥谷敬《とりたにたかし》内野手も下降線に入っていた。なぜ阪神の生え抜き選手が伸び悩むのか、人気球団の選手がチヤホヤされるので、野球以外のことにうつつを抜かしがちということがよく指摘される。あるいは指導者層の育て方や野球の作戦に責任があるのかもしれない。これらの指摘が正しいのかどうか検証する能力が筆者にはないので、ここらでとどめておく。

最後に直近の2019年に入ろう。まず巨人に関しては、監督に3回目の登場となる原辰徳が就任したことは既に述べたが、伝統的なFA移籍を活用して、広島の丸佳浩外野手の加入が大きかった。広島時代はMVPを二度連続して獲得したので、超一流の選手であった。さらに生え抜きの坂本勇人遊撃手が打率0・312、本塁打40本、打点94という好成績を残したし、リーグのMVPにも選ばれた主将の活躍が光った。これらのお蔭で巨人はリーグ優勝を果たした。

クライマックスシリーズでは阪神を倒して日本シリーズに出場したが、ソフトバンクに4連敗という不名誉な成績で終了した。球界の盟主であるソフトバンクの強さだけが目立ったシリーズであったし、パリーグのほうがセリーグよりも強いという最近の流れを改めて証明したシリーズだったのである。

新しい兆候がこの年に出現した。すなわち今までは巨人の金満振りと人気の高さによって、巨人は他チームのFA選手を多く獲得していたが、2019年のシリーズ終了後の補強では巨人は他チームのFA選手を獲得せんとしたが、そういう選手の多くが他球団を選択する事態となり、失敗だったのである。広島の丸佳浩という大物を獲得できたが、20 19年での失敗は今後巨人が他のチームからFAでの移籍選手を獲得できなくなる、ということを予想させるかもしれない。

では阪神はどうだったろうか。金本監督が最下位の成績の責任を取って辞任したが、後任は中日から阪神に移籍して正捕手を務めた矢野燿大《あきひろ》新監督であった。一軍のバッテリーコーチや二軍の監督をしていたので、それらの若手選手を一軍に登用した。

このシーズンの特色をまとめれば次のようになる。第１に、４番バッターという主砲を定着できず、チーム総得点数（５３８）は12チーム中の最下位という不本意な成績であった。さらに失策数も１０２を数えて、これまた12チームの中で最悪であった。

第2に、しかしながら救援投手（元阪神にいた藤川球児、ジョンソン投手など）の成績が素晴らしく、チーム防御率３・４６と救援投手防御率２・７０は12球団中でトップであった。さらに、外れドラフト1位の近本光司《ちかもとこうじ》とドラフト3位の木浪聖也《きなみせいや》が新人ながら安打数と盗塁数で好成績を示し、近本は盗塁王のタイトルを獲得した。近本はかつての切込隊長であった赤星憲広《あかほしのりひろ》を思い出させるほどの俊足振りであった。

前述した功罪相半ばの成績によって、阪神のシーズンはかろうじて第3位で終了した。クライマックスシリーズではファイナルまで進んだが巨人に敗北して日本シリーズには出られなかった。シリーズ第3位のチームが日本シリーズに出るのはおこがましいし、リーグの優勝チームへの侮辱とさえ筆者は思っているので、当然の結果であると判断している。

クライマックスシリーズ改革私案

ついでながら橘木（２０１６）ではクライマックスシリーズ制度の廃止ないし改革（すなわちチーム数を増やした上でのクライマックスシリーズ）を主張している。その根拠をいくつか述べておこう。第１に、長いレギュラーシーズンを必死に戦ったチームの１位と、クライマックスシリーズという短期の決戦で１位になったチームが同じであれば許せるが、それが異なれば重みが非常に異なる。

第２に、２０１０（平成22）年に異常なことが発生した。パリーグのレギュラーシーズン３位にすぎなかったロッテが、２位の西武と１位のソフトバンクを勝ち抜いて、パリーグ代表として日本シリーズで中日と闘ったのである。なんと中日を破り、日本一になってしまった。レギュラーシーズン３位と、日本シリーズ制覇のロッテの評価は困難である。

プロ野球界は、クライマックスシリーズの収入の多さに期待するから、この制度を設けたのであるが、このままではファンの支持を失いかねない。そこで一つの制度改革を提案したい。それは本書で登場した王貞治も主張していると知り、勇気を持った次第である。

それはプロチームを現在の12球団から16球団に増やして、セリーグ8球団、パリーグ8球団による真のクライマックスシリーズと日本シリーズにする案である。

球団を増やす候補の都市として私案は、静岡市、新潟市、金沢市、京都市、高松市（ないし松山市）、熊本市、那覇市などである。セ・パ両リーグを4つの地域に分割して、まずはクライマックスシリーズに出場する4チームを選び、次いで2チームを闘いによって選び、最後は日本シリーズでの決着という手順である。

阪神の補強策

最後に、阪神の補強策について一言述べておこう。アメリカ帰りの牧田和久投手の獲得に名乗りを上げたのが成功しなかったとはいえ、金満球団の阪神は例年のように大々的にFA選手の獲得策に走らなかった。その理由として外国人の獲得に焦点を合わせた、ドラフトで期待できる選手を獲得できた、などが考えられるが、一つの理由として従来のようなFA移籍選手を獲得する方針を転換しそうな気配がある。わずか1年の結果だけで全体の方針を類推できないが、巨人がことごとくＦＡ選手の獲得に失敗した事実と合わせると、これまでＦＡ移籍選手の受け入れチームとして君臨していた巨人と阪神が、その地位を降りる可能性がある。これに関しては後章で詳しく論じる。

以上、巨人と阪神をここ最近に限定してチームを評価したが、野村（２０１６）は高橋・巨人監督と金本・阪神監督を槍玉に挙げて、なぜこの時期に両チームが強くなかったかを論じているので、それを要約しておこう。

まず巨人に関しては高橋監督がお坊ちゃん監督だったので、選手に気持ちよく野球をしてもらうことを優先して、過酷な練習や試合を強要することはなかった。これはよく言われることであるが、生え抜きを育てる（例外は菅野《すがの》投手、阿部捕手、坂本内野手など）よりも、外部の大物をＦＡで取ることに頼ったので、選手が育たなかった。

阪神に関しては、金本監督は仲良しコーチでまわりを固めた弊害が出たし、関西のマスコミが若手の阪神選手をチヤホヤするので、選手は激しい練習にコミットせず、従って生え抜きで大活躍する選手が出なかった、と野村克也は指摘している。さらに野村が捕手出身だけに、高橋・金本両監督が外野手出身なので監督になるにはふさわしくない経験しか持っていなかった、ということを指摘している。

第4章

「阪神VS巨人」は大阪（関西）と東京（関東）の代理戦争

大阪（関西）と東京（関東）との間にある
種々のライバル関係を論じて、
「阪神VS巨人」はその代理戦争になっていることを明かす。

歴史的な経過

本書を通じて野球の「阪神vs巨人」は大阪（関西）と東京（関東）の代理戦争という解釈の下での話題を議論するが、ここでそれを歴史の視点に立脚して東西を評価しておこう。

江戸幕府が本拠地を江戸に定める以前、政治の中心は京都であった。天皇は京都にいたし、幕府（室町時代や戦国時代）も京都を本拠地にしたので日本は京都を中心に動いていた。商業も京都近辺で多少繁栄したが、それほど目立つ存在ではなかった。一方の関東といえば基本は農業が中心であり、武士が暗躍していたが、中央の京都での天皇と幕府の権力には及ばない一つの地方の田舎にすぎなかった。とはいえ京都の統治も中央集権によって強力に地方のすべてを支配していたとは言えなかった。

江戸時代になると事情は急変した、徳川家康は江戸（東京）で幕藩政治を行うようになり、政治の場は東に移った。西はどうかと言えば、京都に天皇は残ったが江戸幕府の強力な権力と比較すると象徴にすぎなかった。むしろ経済に関しては、商業が大阪（昔は大坂と書いていた）と京都を中心に繁栄していたので（特に江戸時代中期以降）、東の政治は西の経済力を無視できなくなっていた。日本の台所は浪速と称されるほどの繁栄を大阪はしていて、武士も大阪商人の経済力に頼るようになった。

明治時代の新政府になると首都は東京に移ったし、天皇も東京に遷幸《せんこう》され、政治と官僚の世界は完全に東京中心で行われるようになった。天皇・公家の一団が京都を去ったので、京都の衰退が見られた。大阪は商業の中心地としての地位を保っていた。明治の中期になって五代友厚《ごだいともあつ》をはじめとした実業家が産業の勃興に努力して、大阪は経済の一大中心地となった。住友系の諸大企業、伊藤忠・丸紅などの商社、野村證券などの証券会社を柱にして大企業が育ったのである。

一方の東京でも渋沢栄一《しぶさわえいいち》をはじめとした企業人が出現し、企業が続々と誕生して、一大経済中心地となった。三井、三菱などの財閥が屋台骨となって東京は日本の資本主義の本場となりつつあった。東京と大阪は経済大都市という意味で双璧となったが、政治と官僚の世界が東京にあったので、東京が大阪を凌駕するようになるのは確実であった。これが第２次大戦前までの姿であった。

戦後になって高度成長期を経て安定成長期（１９７０年代）に入ると、東京の一極集中現象が顕著となり、東京圏がますます経済繁栄するのに対応して、関西経済の地盤沈下が目立つようになった。その現象はその後も続き、大阪に本社を持つ大企業が東京に本社を移すか、本社を東京と大阪に二つ持つ企業が多く出現した。とはいえ二本社制でも主力は東京におく場合が多かった。ただし京都の企業は東京に移らなかった。

例えば２００４（平成16）年で本社を東京に設置していた上場企業は51・３パーセント、大阪は９・８パーセントと大阪府立産業開発研究所の平井拓己によって報告されている。東京の圧倒的優位と大阪の劣位が明らかである。

特筆しておきたいのは、大阪経済の象徴であった住友系企業の東京移転が目立ったことであった。住友銀行は三井銀行と合併して東京に本店を移転したし、三井住友信託銀行も同じである。住友金属工業は新日本製鐵と合併してから新日鐵住金となったが、その後日本製鉄となり住友の名は消えたし本社も東京となった。どことも合併していないが、住友生命は登記による本社は大阪であるが、本社機能の主力は東京に移転したし、住友商事は東京移転を果たした。商社としてもともとは大阪に根を張っていた伊藤忠と丸紅も東京移転を実行している。これら数多くの本社機能の東京移転は、まさに大阪（関西）経済の地盤沈下のシンボルであったし、実質的にも経済は東京と比較するとかなり弱くなったのである。

こうして東京と大阪の経済格差が歴然となった現状を大阪人、あるいは関西人は当然に残念と思うようになり、その負け事実を認めた上で、せめて野球応援に反映させて、そのウップンを阪神が巨人を倒すことによって晴らす気になれるのである。

読売新聞vs朝日新聞

読売新聞社が巨人のオーナーであることは何度も述べてきたが、ここで朝日新聞社が登場するのには不思議と思われる読者は多いであろう。少なくとも阪神球団と朝日新聞社は資本関係はないし、阪神のオーナーは阪急阪神ホールディングス（古くは阪神電鉄）だからである。

むしろここでは読売新聞社と朝日新聞社のライバル関係を強調して、それが巨人と阪神のライバル関係を半意図的に利用している感がある、と述べたい。読売新聞が巨人のことを多く記事にし、かつ積極的に巨人を応援する姿はオーナーなので当然であるが、朝日新聞も読売新聞ほどではないが、阪神のことをスポーツ面では大きく扱っているのである。特に朝日新聞の大阪本社版がそうである。なぜ特に大阪本社版でそうであるかは、まずは関西に阪神ファンが非常に多いので阪神に関する記事は喜ばれるだろうし、背後には読売

vs朝日の代理戦争の影響がある。

まず読売新聞を簡単に知っておこう。二人の怪物社主・社長、すなわち正力松太郎と渡邉恒雄が中心である読売新聞については、佐野（1994）と魚住（2000）が有用である。1874（明治7）年に東京の「日就社」から創刊されたのが起源であるが、1917（大正6）年に社名を読売新聞社と改称、そして1924（大正13）年に警視庁の幹部だった正力松太郎が同社を買収して彼がトップとなった。正力はプロ野球の育成に異常な関心を寄せて巨人の創設に努力したことは既に述べた。思想的には右派に属したので、戦争中の行動がA級戦犯と指定されて公職追放の身となった。しかし戦後不起訴となり、読売新聞社に復職したが、その後政治家に転身して国会議員や大臣をも務めた。政治色は相変わらずの右派であった。

次の突出した社長が渡邉恒雄である。学生時代は共産党員であったがその後は急転回して右派の支持者となった。自民党政権と結び付きが強いジャーナリストであり、読売新聞の主張が時の政権の意向を代弁することがあったし、逆に政治の世界においても渡邉の声に応じて政府が政策を決めることもあった。プロ野球との関係においても、球界の盟主であった頃の巨人のオーナーが渡邉だったので、彼の思うままあるいは読売新聞の意向が球界の運営に反映されることも多々あった。

一方の朝日新聞はどうであろうか。創刊は大阪で１８７９（明治12）年の発行なので、ルーツは関西である。その後は東京の「めざまし新聞」を買収して、東京と大阪の本社での「東京朝日新聞」「大阪朝日新聞」を発行するようになった。読売新聞は東京が誕生の地であり、その後全国展開したのであくまでも関東色が強く、一方の朝日新聞は大阪が発祥地でその後全国展開したので、関西色が色濃く残っていることを認識しておきたい。両新聞ともに世界の中で発行部数がとても多いことで知られている。そして日本一の発行部数を争う新聞ではあるが、読売が朝日より今では少し多い。朝日新聞に関しては古森・井沢・稲垣（２００２）が有用である。

野球に関しては、朝日新聞社が主催して全国中等学校野球選手権（今の高校野球）を１９１５（大正４）年に開催して、今日まで続いている。特に地方予選を経て代表校が集まる、甲子園球場の夏の全国大会は大きな注目を浴びて、国民的行事にまでなっている。なお、春の選抜大会も甲子園球場で行われ、毎日新聞社の主催となっている。読売新聞社はこの夏と春の甲子園球場での高校野球を羨ましく思っていた。

高校サッカー選手権の後援は読売新聞社や系列の日本テレビが行っている。ただしサッカーの起源をたどれば毎日新聞社の主催であったが、その後読売新聞社の後援になったのである。しかももともとは全国大会は関西で行われていたのであるが、毎日から読売に関与が移ったので、開催地を関東に移した経緯がある。

このように見てくると、高校野球や高校サッカーの開催を巡っては新聞社における主導権争いの姿を呈していることがわかる。特に一番人気の夏の甲子園球場での全国大会は朝日新聞社の独壇場であるし、甲子園球場がプロ野球の阪神の本拠地でもあるので、否が応でも読売新聞 vs 朝日新聞、そして巨人 vs 阪神の対比ないしライバル関係は顕著となるのである。

もう一つの大きな視点は政治スタンスである。読売新聞はほぼ一貫して右路線であったが、朝日新聞は戦前から今まで路線のぐらつくこともあったが、戦後に関しては左路線を取る時期が多かった。戦後の自民党政権時代では野党支持を打ち出すことが多かったので、自民党政権支持の論客から朝日新聞は激しい攻撃を受けたのであった。

しかしこの政治上の路線対立が巨人と阪神の試合や選手あるいはファンに与えた影響はほとんどなく、巨人が保守支持、阪神が革新（あるいはリベラル）支持という政治スタンスを語るのは不可能である。笑い話を述べれば、前述の通り巨人の主力の長嶋茂雄選手が、選挙での支持政党を聞かれて、「社会党に投票したらプロ野球がなくなるかもしれないので、自民党に投票します」と応じた程度である。

以上をまとめると、読売新聞と朝日新聞の政治路線の対立があって、読者側の政治主張の違いによって政権支持側にいる人が巨人を好み、あるいは反権力指向の人が阪神を好むということは多少あったかもしれないが、それはほとんどなかった。むしろ巨人vs阪神が読売vs朝日の記事内容に反映されたのは、存在した東京vs大阪の社会と経済上のライバル関係が影響している面がある程度作用した。

東大vs京大

プロ野球でのライバル関係にある巨人vs阪神とは直接関係ないが、東大と京大も東西の大学代表としてライバル関係にあるので、ここで少し検証しておこう。巨人と阪神を比較すれば、巨人が第1位なので第2位の阪神は強烈なライバル意識を持つが、第2位の京大も第1位の東大に強烈なライバル意識を持つという共通の意味を指摘できるかもしれない。実は大阪（関西）も首位の東京（関東）と比較すると劣るので、大阪（関西）が強烈なライバル心を抱くという意味では共通の立場にいる。

東大と京大については橘木（２０１６）に詳しいので、それを簡単に要約すると次のようになる。

まず東大から始めよう。東京大学の起源は江戸幕府内で江戸末期につくられた蕃書調所《ばんしょしらべしょ》が始まりであり、体制派内の学校が出発点なので、後の時代に発展し東大が体制派内のエリート校として君臨するようになったのは自然な流れである。なぜ体制派内で学校がつくられたかといえば、幕府末期には外国からの開国圧力や国内の雄藩による抵抗に悩まされたので、外国のことを知ったり、兵器や軍艦の製造、天文学・地理学、外国語などを研究する機関が必要だったのである。

そこで蕃書調所（後に開成所、大学南校、東京開成学校と改称された）は洋学が中心となる学問と教育の場であった。もう一つの東大の起源は西洋医学を学ぶための医学所である。この学校も後に大学東校、東京医学校と改称した。明治時代に入り、この両校は１８７７（明治10）年に東京大学として誕生することとなった。前者の学校は東大の法学、文学、理学部の母体となり、後者の学校は医学部の母体となったのである。東大はそれほどのエリート校ではなく、各省付属の学校（司法省の法学校、工部省の工部大学校など）のほうがエリート性は高かった。

ところが１８８６（明治19）年に東大は初代文部大臣だった森有礼《ありのり》による帝国大学令によって帝国大学と衣替えし、文字通りのエリート校となった。帝国大学は法・医・工・文・理の分科大学から成る総合大学となったが、法科大学が官僚養成のための学校としてもっとも重要な分科大学として君臨するようになった。どの発展途上国もそうであるが、近代化のためには指導者たる官僚の役割はとても重要なのであり、帝国大学で法学を学んで高等文官試験に合格する高級官僚を生む機関となったのである。東大出の官僚はまさに日本の指導者として君臨し、数多くの首相まで生んだのである。他学部について一言述べれば、医は医者、文・理は教員、工は技術者の養成にそれなりの役割を果たしたが、なんといっても東京帝大は官僚養成校の特色が際立ったのである。

次に京大はどうだっただろうか。京大の起源はなんと大阪の舎密局《せいみきょく》という学校（１８６９〈明治2〉年開校）である。大阪は江戸時代から経済活動の中心地だったが、商業の学校ではなくモノツクリに役立つ自然科学を中心に教える学校を保持していた。この学校は何度も名前を変えて大学分校となっていたが、森有礼文部大臣による中学校令で全国五カ所に高等中学校をつくることとなり、東京の第一高等中学校（後の第一高等学校）に次いで大阪に第三高等中学校の設立が企画され、大学分校がその母体となった。

　ところがである。新校舎の建立地に関して、大阪ではなく京都に設立されることとなった。京都府が総工費16万2500円のところに、なんと巨額の10万円の寄付を申し出たのである。京都は明治時代に入って天皇、公家、そして商工業者までが東京に移ってしまったので、社会と経済がまったく繁栄を失っていたのであり、回復策の一つとして学校の誘致に乗り出したのである。これを京都の大英断として評価したい。後に京大をはじめ京都が文教都市として発展する出発点がここにあったと理解してよい。一方の大阪は経済をどこまでも重視する姿勢により、教育の都市京都が文教地区、大阪が商業・経済地区という区分が明確になったことを特筆したかったのである。

　1897（明治30）年に第二番目の京都帝国大学が創設された。なぜ二つ目の帝大が創設されたかは、東京帝大だけでは指導者層を十分養成できなくなったことと、東大卒だけにエリートが集中することはよろしくないとの思惑があったし、教授も学生も特権的地位に甘んじて、研究・教育が怠慢になっているとの批判が東大に向けられていたこともある。京都での帝国大学であれば、第三高等中学校の存在が大きかった。すなわち学問の府というイメージが京都に醸成されていたし、諸学問を教える教員がこの学校に多くいたので、京大で教員を準備するのに好都合だったのである。

京大は東大を真似て、法学教育を前面に打ち出して、東大のように多くの官僚を輩出せんとしたが、高等文官試験の合格率が低くて少なくとも法学教育では失敗であった。そこで京大は別の新しい領域で実力を発揮しようとして、文学、理学、工学、経済学などの学問で業績を上げようと努力するようになった。その結果が西田幾多郎《きたろう》哲学、河上肇《はじめ》経済学、そして物理、化学、数学などの諸学問で高い研究成果として出現したのである。その象徴が戦前、戦中期に湯川秀樹、朝永振一郎といった物理学での研究であり、戦後になって二人はノーベル物理学賞を受賞した。

その後京大は物理、化学、医学の分野でノーベル賞受賞者を続々輩出したし、数学のノーベル賞と称されるフィールズ賞でも二人、すなわち広中平祐《ひろなかへいすけ》、森重文《しげふみ》を輩出したのである。東大も平和賞、文学賞を含めれば京大に遜色のないノーベル賞受賞者を生んだが、純粋学問の自然科学に限定すれば8名、京大出身ではないが在籍者を含めると11名の最多であり、「ノーベル賞大学」の別名のあるほど「学問の京大」であることの根拠となっている。

東大の教授は政府やマスコミの仕事で忙しく、勉強していないとの声が京大にはある。政治、官僚、経済、文学などあらゆる分野で東大卒が京大卒を凌駕しているのは確実なので、第1位の東大、第2位の京大は明らかであるが、ノーベル賞で象徴されるように学問だけは京大が東大に引けを取らない証拠になっている。この点で東西、あるいは日本を代表する東大、京大という言葉が定着したのである。

「慶應」の巨人と「早稲田」の阪神

橘木・齋藤（2012）ではプロスポーツの世界では意外と学歴の影響力があると指摘した。それを巨人と阪神に特化して検証してみよう。巨人は慶應重視、阪神は早稲田重視という特色の見られることがここでの関心である。もとよりこの両大学は東京六大学野球の伝統校であるのに加えて、各種の分野で社会的に活躍する人物を多く輩出した。

まず巨人より始めよう。戦前に人気の高かった東京六大学野球では、慶應の水原茂と早稲田の三原脩（修）はライバル関係にあったが、二人ともプロ野球では巨人で活躍することとなった。OB重視の巨人はまず三原を監督にしたが、その後三原を半分追い出す形で水原監督にしたのである。ここで巨人の慶應重視が始まった。もとより慶應出身以外の監督も多くいたが、ここでは藤田元司監督と最近の高橋由伸監督の名前を挙げておこう。なお早稲田出身も藤本定義《さだよし》、中島治康、三原と３名いるので、早慶の重視と理解したほうが賢明かもしれない。

むしろ慶應重視は巨人のオーナーが正力亨（正力松太郎の長男で慶應出身）になったときに顕著となった。象徴的には既に述べたが、１９８４（昭和59）年のドラフト１位の上田和明、１９８９（平成元）年のドラフト１位の大森剛の指名であった。東京六大学野球で活躍した選手ではあったが、他に有力なドラフト候補がいたにもかかわらず、上田と大森を第１位に指名したのは、正力オーナーの意向ないしまわりの人の忖度があるとされた。二人はそれほど有力な巨人の選手になることはなかった。ついでながら早稲田出身者としては、筆者の記憶では内野手の広岡達朗、捕手の山倉和博、盗塁王の松本匡史《ただし》などが思い浮かぶ。

阪神はどうであろうか。こちらは完全に早稲田重視である。巨人対阪神が慶應（坊ちゃん）対早稲田（野人）に反映されているとも言える。阪神の歴代監督を戦後に限定すれば、岸一郎、藤本定義、中村勝広、岡田彰布の４名で最多である。ついでながら慶應出身は安藤統男《もとお》が唯一である。阪神は将来の有力選手、キャプテン、監督の候補として東京六大学のキャプテンを意図的に指名していたとされるので、早慶以外にも法政大学と明治大学の出身者がかなりいる。近未来の監督として、生え抜きの早稲田の鳥谷敬の可能性が取り沙汰されている。

ここで岡田彰布と鳥谷敬の比較を一言述べておこう。共に早稲田の主力内野手であったし、阪神にドラフト1位指名での入団（鳥谷は自由獲得枠での入団）であった。阪神での活躍においても目立った選手であったことは強調してもよい共通点である。ちなみに鳥谷は岡田が早稲田の先輩なので阪神を選んだと述べているほどである。岡田は阪神の監督を務めたし、優勝もしているのであるが、鳥谷も多分将来の監督になるであろう。両人ともに早稲田出身の野球エリートであるし、阪神での活躍も申し分ない。

ドラフト1位のついでに、阪神には珍しく慶應出身のドラフト1位がいるので紹介しておこう。それは伊藤隼太《はやた》である。中京大学附属中京高校から慶應大学に入試で入ったという文武両道のエリートであった。大学時代の野球歴も抜きん出ていたので大いに期待されたが、阪神に入団後は一軍と二軍を行ったり来たりだし、一軍での試合でも代打での登場が多く、レギュラー選手にはなれないでいる。阪神は若手の育成が不得手な球団であると既に述べたが、伊藤の伸び悩みが阪神特有の体質によるものなのか、それとも本人の問題によるのか、筆者にはわからない。

大阪（関西）と東京（関東）の文化・社会の違い

実は関西地方内においても、大阪、京都、神戸ではその文化・社会には微妙な差がある。例えば京都は一昔前は日本の首都だったので、上から目線で見る文化がある。例えば「京の着だおれ」は上等な着物を着飾ることで代表されるように、みやびやかさを重宝する。大阪は「食いだおれ」で象徴されるように、庶民がおいしいものを食べて生活を楽しむという文化がある。食事に関しては、京料理は見た目を大切にする高価で豪華な料理を出す風習があるが、大阪料理は見た目よりも安くておいしいものを楽しむので、京都と大阪ではかなり異なる。神戸に関して一言述べておくと、港町であったことの影響があって、なんとなく洋風というかハイカラな雰囲気が漂っている。

関東はどうだろうか。都が京都にあった頃の江戸は農業を中心にした生活だったので文化の色が薄い地域であったが、徳川時代と明治時代以降は事実上の首都が江戸（東京）に移ってから、社会が変化するようになった。それは政治の中心となったし、同時に経済も強くなったので、上から目線での文化が栄えるようになった。人々の意識も日本を牛耳っているのは東京であるとの自信から、なんとなく都会的なセンスを持つことと行動を自然な振る舞いとして容認するようになったのである。

東京に隣接する横浜に関して一言述べておくと、神戸と同様に港町なので外国人が多く、洋風のハイカラな雰囲気がある。一方で東京の北にある埼玉県と東にある千葉県は、埼玉県がダサイタマと称されることがあるように東京よりも文化度が少し落ちるとみなされることもある。東京（関東）といっても、東京都区内と周辺地域では微妙に異なる点がある。

このようにして、関東地方、関西地方ともに域内では異なる特性を持った地域（例えば、京都や大阪、あるいは横浜や埼玉・千葉）が存在するが、本書は、関東は東京が代表し、関西は大阪が代表しているとみなす。そして東京と大阪を象徴する表現として東京が都会的、大阪が庶民的という言葉を用いる。

では都会的・庶民的、とはどういうことなのかを簡単に述べておこう。都会的とは、立ち居振る舞いに関して貴族的な雰囲気があるとまでは言わないが、品位の高い行動と言動をする傾向がある。生活においても裕福とまでは言わないが、それにふさわしい生活態度を取ろうとする。従ってやや取り澄ましたところがあり、単独行動を好む人や一人で楽しもうとする人が多い。庶民をやや見下すところもある。本音と建て前のどちらを重視するかと問われれば、建て前と答える人が多い。誇張すれば「イイカッコし」なところがある。

一方の庶民的とは、身分的には一般的な町民を表す表現として発生したものであるが、現代では必ずしも経済の裕福度や地位の高低を意味する言葉ではなく、一般大衆に特有な生活や言動を好む人と理解したい。都会派の取り澄ました言動を嫌うところがあり、人生は複数の人々が共に行動することによって楽しむものだと考える人が多い。先程の本音と建て前のどちらを好むかと問われれば、本音と答える人が多い。大阪では「もっかりまっか」が日常用語で飛び交うが、東京では人の経済状況を聞くのは、はしたないこととして禁句である。

東京の落語と大阪の漫才

前述した東京と大阪の文化・社会の違いが象徴的に現れたのが、落語と漫才の違いにあると筆者は判断している。落語は東京（関東）で根を張り、かつよく上演されるし人気のある演芸種目である。もとより、上方《かみがた》落語と称されて、桂《かつら》○○、笑福亭《しょうふくてい》○○などで代表される落語の一派があるが、数多くの寄席を有する東京での落語のほうが人気は高い。代表的な落語家の名前として、古今亭《ここんてい》○○、三遊亭《さんゆうてい》○○、春風亭《しゅんぷうてい》○○、立川《たてかわ》○○、林家《はやしや》○○、柳家《やなぎや》○○、などを挙げれば、いかに落語が東京で根付いているかが容易にわかる。

もとより大阪で落語が東京ほど目立たないのは、大阪では漫才が盛んなのでそれに場を奪われているとみなせるし、逆に東京では漫才が大阪ほどの人気がないことも影響している。そして既に述べたように、東京では単独行動を好む人が多く、かつ一人で楽しもうとする人が多いとしたが、落語はまさに一人で演技する芸能なので、東京人の趣向に合っている。一方の漫才は二人で掛け合う演技なので、大阪人の気質に合致しているのである。

落語は、元は京都や大阪で発生した芸術であるが、江戸時代に江戸にも伝わって、むしろ江戸時代と明治時代以降に江戸・東京で栄えることとなった。落語の歴史と内容については、山本（２００６）から学んだ。落語には戦前までの作品を古典落語、それ以降の作品を新作落語と称することもあるが、明確な定義にはこだわらない。

一人の噺家《はなしか》（話家）が座って話芸を披露するのであり、多少の身振りと小道具を使うこともあるが、最後に「落とし噺」で締めるところに伝統がある。さほど人を大きく笑わせるような話はせず、人情味のある話題や社会風刺話を提供して人にしんみりとした笑いや涙を誘う演目を語ることが多いが、でも最近では人を大きく笑わせる芸を用いる落語家もいる。日本テレビ系列の落語家の出演する『笑点』がその象徴かもしれない。

一方の漫才はどうであろうか。漫才に関しては澤田（１９９４）、塙《はなわ》（２０１９）を参考にした。歴史をたどれば尾張万歳が起源であるが、京都、大阪を中心にして発展した話芸である。二人の会話を滑稽に掛け合って聴衆に大きな笑いを誘う芸能である。既に述べたように、落語には「江戸落語」と「上方落語」の二種類があるが、塙（２０１９）によると「江戸漫才」という言葉は定着していないと主張しているので、漫才は大阪が圧倒的に優位にあるとみなしてよい。しかし、後に述べるように、漫才師も現代では東京に進出しているので、必ずしも東京で人気がないとは言い切れないが、ルーツと出し物は大阪色が色濃いし、演者も大阪（関西）人が多い。

漫才には「コント漫才」と「しゃべくり漫才」の二種類がある。コント漫才とは、二人の会話に加えて二人が演技をすることもあるし、ときに会話の中で楽器や小道具、あるいは衣装をも使っていろいろな補強をすることがある。一方のしゃべくり漫才とは、そういうサイドの演芸や道具を排して、二人が立ったまま平常服で話だけを続ける演技のことをさす。大正時代と昭和時代に活躍した大阪の花菱アチャコと横山エンタツが、しゃべくり漫才を定着させたとされる。

漫才で欠かせない概念は「ボケ」と「ツッコミ」である。二人の演者の内どちらかがボケ役、一方がツッコミ役を演じるのである。ボケの役割は、おもしろいことを話して聴衆の笑いを誘うことにある。とぼける行為に近いことを話すのでボケと称されるようになった。ボケはサッカーに例えるなら、パスを出すアシスト役で、ストライカーであるツッコミの反応を待って、ゴールさせれば最高の役である。ツッコミはボケのパスの質が悪い、すなわち間違えたことを言ったりすると、ボケのアシスト役をしかったり馬鹿にする言葉を発するのである。ボケの語源は「とぼけ」から来たと言われるのでこの演者は間抜けでとんまということになり、一方のツッコミは正統派でまじめそうな人間とみなされるのが普通である。ボケで笑いを誘発し、ツッコミでそれを軽くあしらうということになろうか。

ボケとツッコミ、どちらの役割が重要であるかは、一昔前であれば、島田紳助・松本竜助（当初は竜介）のコンビによる島田紳助、北野武（ビートたけし）・兼子二郎（ビートきよし）のコンビにおけるビートたけしのように、ボケ役のほうが重要であった。ツッコミはただ相槌を打つ程度の役割しかなかった。その証拠に、紳助とビートたけしはその後一人でいろいろな役を演じるタレントとなったほどの才人であった。

時代は変わり、塙（２０１９）の言うようにツッコミがかなり重要性を増す時代となった。ボケが脇役でツッコミが主役というご時世になったというから、漫才界も変化したのである。さらにナイツの塙宣之《のぶゆき》は、Ｍ－１グランプリ（吉本興業の主催する若手対象の漫才コンクール）では関東芸人の出る幕は限られていて、関西芸人が多く優勝するという独壇場に近いとしている。その理由をも詳しく述べている。

なぜ関西が有利なのか、塙は大阪弁が東京弁よりも漫才で話されるときによりふさわしい言語であることを強調している。例えば、漫才において「怒り」や「笑い」を表現するとき、関東の標準語だと感情移入がしにくいが、大阪弁はそれらをストレートに表現できる言語である、としている。その通りだと思う。筆者はそれに加えて、学校現場の違いを指摘したい。関東の小学校・中学校であれば、勉強のできる子やカッコ良くて歌や踊りの上手なアイドル系の人気が高いが、関西ではクラスや友人を笑わせる生徒への人気が高い。そういう雰囲気の中にいると、若い人も「笑い」を武器にした職業を目指す人の増加を促す。

M-1グランプリ優勝者

ちなみにＭ－１グランプリにおける最近の優勝者を調べてみた。直近の２０１９（令和元）年のミルクボーイ、ボケの駒場孝は大阪府出身で高校は横浜市、大学は大阪芸術大学なので１００パーセントの関西人ではないが、芸を学んだのは大阪と思ってよい。ツッコミの内海崇《うつみたかし》は兵庫県出身、高校（姫路市）と大学（大阪芸術大学）ともに関西なので１００パーセントの関西芸人である。

２０１８（平成30）年は「霜降り明星《しもふりみょうじょう》」、ボケのせいや（石川晟也）とツッコミの粗品《そしな》（佐々木直人）は共に大阪府出身、大学はそれぞれが近畿大学と同志社大学（中退）なので、生粋の関西人とみなしてよい。ただし二人は吉本興業の東京本部所属であり、大阪所属でないところに留意したい。吉本興業については後に言及する。

２０１７（平成29）年は「とろサーモン」、ボケの久保田かずのぶとツッコミの村田秀亮《ひであき》ともに宮崎市出身で高校の同級生であるが、芸を磨いたのは大阪であるし、関西弁での話が多いので関西人（広く解釈すれば西日本人）とみなしてよい。吉本興業における東京と大阪の関係については後に言及する。

２０１６（平成28）年は「銀シャリ」で、ボケの鰻《うなぎ》和弘は大阪府八尾市、ツッコミの橋本直《なお》は兵庫県伊丹市なので、共に１００パーセントの関西人である。大阪の吉本興業で修業したが、活動の拠点を今では東京に移している。

M－1グランプリはしばらく開催されなかったが、復活第1回の2015（平成27）年は「トレンディエンジェル」である。ボケの斎藤司《つかさ》、ツッコミのたかし（旧芸名・須藤敬《たか》志《し》）ともに横浜市、東京都小平市出身なので貴重な数少ない関東出身のお笑い芸人である。当然のごとく吉本興業の東京本部所属である。

以上最近5年間のM－1グランプリ優勝者の出身地、修業地を見てきたが、大阪（関西）の優位が明らかである。話題を広げて、現代での超有名なお笑い芸人の出身地を簡単におさらいしておこう。

ダウンタウンの松本人志《ひとし》と浜田雅功《まさとし》はともに兵庫県の尼崎市出身で小学校の同級生というから珍しい。大阪の吉本興業で育ち、今は東京が活動拠点の中心である。漫才ではなく関西出身の落語家育ちで、現在は東京で司会者、タレント活動などで国民的芸人になっている人として、（笑福亭）鶴瓶《つるべ》と明石家《あかしや》さんまの二人を挙げておこう。

日本の三大お笑い芸人タレントは、ビートたけし、明石家さんま、タモリの3人と言われる。前二者は既に登場したので、タモリを一言述べておこう。福岡市の進学校である筑紫丘高校から早稲田大学第二文学部の中退生なので、勉強はよくできたと想像できる。知性を売りにするところがある芸人でもある。漫画家・タレントの赤塚不二夫宅に居候して開花し、『笑っていいとも！』などのヒットによって大スターとなった。

吉本興業の功罪

吉本新喜劇とも称される演劇集団を企画・運営する企業であり、芸能プロダクションという、れっきとした株式会社である。所属タレントは８００人を超える大会社であり、漫才、落語、タレント、映画、司会業、作家など各種の芸能活動を行う芸人を抱えているし、いろいろな芸能番組のプロデュースをしている。吉本興業については増田（２００７）から知り得た。

吉本はとても古い歴史を持つ。１９１２（明治45）年の創設というから１００年以上の歴史を有する興行会社である。創業者は吉本せいという女性であるが、実質は夫の吉本吉兵衛との共同経営であった。落語、漫才、映画などの興行を手掛け、スポーツなどの興行にも手を出した。大正・昭和の時代には東京（東京吉本の設立）にも進出し、当時三大興行資本と呼ばれた松竹・東宝と肩を並べるほどに成長した。

戦争前後には既に登場したしゃべくり漫才で名を上げた花菱アチャコや横山エンタツ、

柳家金語楼などを擁していたが、松竹の後塵を拝していた。松竹新喜劇の藤山寛美は超有名である。しかし昭和30年代に入るとテレビの隆盛により、落語や漫才がブームとなり、それにうまく対応して吉本は多くの若手スターを生むこととなった。落語の笑福亭仁鶴や桂三枝（現・桂文枝）、漫才でも横山やすし・西川きよし、島田紳助・松本竜助、タレントの明石家さんまを生んだのである。

ここからが本書の主題とも関連する東京との関係である。戦前に吉本興業は東京に進出したと述べたが、戦争後に東京から撤退していた。大阪だけの再興を１９４８（昭和23）年に果たしたのである。大阪では当初映画だけの製作であったが、漫才などの演芸も手掛けるようになり、昭和30～40年代の漫才ブームに乗り、１９８０（昭和55）年に再び東京に進出することとなった。既に述べた吉本興業の東京本部の礎《いしずえ》となった。

この頃はテレビ全盛時代となったので、大阪で育った芸人も東京のテレビキー局での番組に出演するため、東京にいるほうが何かにつけて便利なので、東京に移る芸人が出てきた。これはマスコミの東京集中の功罪と理解してよいが、もともとは大阪に根城を持っていた吉本興業、今では「お笑いの総合商社」あるいは「日本最大の芸能プロ集団」と称される興行会社が、根城を東京にも構える時代にならざるをえなかったのである。

しかし、M－1グランプリのところで記したように、多くの若手芸人は大阪の吉本総合芸能学院大阪校（1982〈昭和57〉年創立）を卒業するか、大阪校で育って名を上げてから東京に活躍の場を求めて行く人が主流であった。ただし東京一極集中の流れを受けて吉本総合芸能学院は東京校でも1995（平成7）年から卒業生を出すようになった。とはいえHPで拝見すると、大阪校育ちのほうが東京校育ちよりも有名な芸人になった人が多い。これは塙（2019）の主張する通りである。すなわち漫才を愛する関西に育った若者は東京校ではなく、大阪校で学びたいと希望するからである。

ここで吉本興業の総括をしておこう。功の部分としては次のようなものがある。第1に、日本における「お笑い芸」を発展させた功績は大きい。若き芸人を育てて、それらの人を演芸場やテレビに出演させる興行主としての役割を果たした。第2に、漫才というジャンルを日本で定着させることに成功した。何度も述べるが、花菱アチャコと横山エンタツによる「しゃべくり漫才」を育てて、現代における繁栄する漫才の基礎をつくった。第3に、企業として「お笑い芸」というジャンルを、経営、管理、人事、育成、営業といった企業における経営組織として確立した貢献がある。

一方の罪があるかについて考えてみよう。第1に、大阪的な経営の発想、すなわち「もうかることとしかしない」という原則に沿って、売れる芸人にはとことんサポート・宣伝するが、売れない芸人はすぐに首にするという冷徹な方針への批判がある。代表的な例として東京での落語界の異色スターであった立川談志《だんし》は、吉本興業をこのように述べて批判していたのである。このことは『談志楽屋噺』（文春文庫、１９９０年）を参照。これに関する筆者の反応は、確かに落語は人情噺を一つの話題として語られるが、芸能という人気商売であればある程度の実績による評価という手段に頼らざるをえないところがある。プロ野球の世界がそうであるように、実力主義は人気商売の場合にはやむをえない側面がある。

もう一つの罪は、吉本興業が漫才を重視して、落語を軽視した政策が上方落語の衰退を助長した、というのがある。これに対しては、喜劇作家の香川登志緒による反論（『大阪の笑芸人』晶文社オンデマンド選書、２００７）があり、上方落語会の努力不足にあるとしている。筆者の見方は、既に強調したように、落語は江戸、東京に向いたジャンルであり、漫才は大阪に向いたジャンルなので、落語を関西で発展させるには多少の限界があったというものである。

東京との関係をまとめて述べて、吉本興業を終えよう。大阪（関西）でお笑い芸能を発展させた功績には非常に大きなものがある。しかし、日本の東京一極集中が昭和40～50年代に進行した結果、お笑い芸能界も東京への進出が避けられなくなった。特にテレビのキー局と演芸場が東京にある効果がとても大きく、吉本興業の活動もいつかは東京が主となる日があるかもしれない。これに対する対策は、東京に集まりすぎているテレビ番組の制作を、大阪をはじめ地方にも移すことが考えられる。せめてもの救いは、お笑い芸人になりたい人が関西に多いことと、お笑いを愛する人も関西に多いので、そう簡単に移行が進まないと予想している。

大阪が抱える東京への「敵愾心」

東京は政治・経済・文化・マスコミなど、あらゆる活動において日本の中心地である。東京一極集中という言葉がそれを象徴している。大阪は戦前と戦後の一時期では、経済だけは東京に伍していた。しかし1970～1980年代あたりから、大阪に本社をおく企業が東京に本社を移すことで示されるように、関西経済の衰退が始まった。経済における東京優位と大阪劣位が明らかになってしまった。

東京に負けてしまった大阪人は悔しくて仕方がない。第2位というレッテルを貼られた大阪人は、第１位の東京への劣等感を晴らすために、いろいろなことに誇張した言い方をすれば敵愾心《てきがいしん》を抱くようになる。それがプロ野球における阪神タイガースファンの対巨人への対抗心として如実に表れているのである。

もともと巨人と阪神はプロ野球を代表するライバル球団であり、その対抗ぶりは日本のプロ野球の花形試合でもあった。本書でもそれをかなり細かく紹介してきた。

現代に至ってもそれは続き「伝統の巨人・阪神戦」と語られている通りであるが、強さから評価すると、巨人のほうが阪神より優位である。しかしそのことを阪神ファンはさほど気にせず、ただ巨人にだけ勝てばよい、という風潮がある。

その風潮が他の分野でも存在することを本章でも分析してみた。読売新聞対朝日新聞、東大対京大、慶應大対早稲田大、落語対漫才などの例を挙げて、それらも東京（関東）対大阪（関西）の代理戦争として理解できる、という解釈をしてみた。というのが本書の目的の一つであった。

第5章

これからの阪神VS巨人、大阪VS東京

世界のプロスポーツにおける
代表的なライバル関係を概観したうえで、
「阪神VS巨人」の今後とプロ野球の未来を
幅広い視点から考える。

1 世界におけるスポーツのライバル関係

ボストン・レッドソックスとニューヨーク・ヤンキース

アメリカ大リーグにおけるアメリカン・リーグの東地区に属するこの二つの野球チームの争いは、100年以上も続いており有名なライバル関係にある。この2チームのライバル関係は、1920年にレッドソックスにいたホームラン打者のベーブ・ルースがヤンキースに移籍したときに発生した。これ以来、レッドソックスはワールドシリーズに勝つことができずにいたので、80年以上にわたって「ベーブ・ルースの呪い」、あるいは別名「バンビーノの呪い」と全米で注目を浴びていた。2004年に、ようやくレッドソックスはワールドシリーズで優勝して、この「呪い」を解いたのである。

1940年代、レッドソックスは「最後の4割打者」テッド・ウィリアムズを抱え、ヤンキースには「56試合連続安打」のジョー・ディマジオがいて、歴史に残るライバル対決を演出した。

この両チームはアメリカン・リーグの同地区にあるので多くの試合数が組まれていて、ボストンのフェンウェイ・パークとニューヨークのヤンキー・スタジアムで興奮に満ちたゲームを展開している。ダービー・マッチの代表格である。

なぜ、この二つのチームがライバルになったのか、その背景を知っておく必要がある。イギリスから独立したアメリカは18世紀から19世紀の前半は、ボストンを中心にしたニューイングランド地方が経済の中心であった。一方で、当時のニューヨークは後進地域だったのである。ところがその後、徐々に経済活動の中心が南下するようになり、20世紀に入るとニューヨークがウォール・ストリートの金融街に象徴されるように、経済の首都になってしまった。

こういったボストンからニューヨークへの経済活動のシフトという歴史的背景が、レッドソックスとヤンキースのライバル関係にも影を落としたのである。全体を俯瞰すれば、野球も経済もニューヨークに軍配が上がっているのが現実である。なんとなく大阪と東京の動きに似ている。それだけに、両チームの試合でよく見る相手を倒したときのボストンのファンの熱狂度には凄まじいものがある。

同じことは東京と大阪における巨人対阪神のライバル関係でもいえる。東京（関東）対大阪（関西）という地域間のライバル関係、ひと昔前は東京と大阪は経済活動にそれほどの格差はなかったが、今はそれが拡大していて、東京の一極集中が進んだ。大阪人は悔しさのあまり、阪神をより強く応援して経済上の敗北のウップンを晴らすのである。巨人のファンのほうはさほど阪神を意識していないが、歴史的な経緯によりそれに応じているにすぎない。

サンフランシスコ・ジャイアンツとロサンゼルス・ドジャース、サブウェイ・シリーズ

レッドソックスとヤンキースはアメリカ東海岸のチームであるが、西海岸にもジャイアンツとドジャースというライバルの2チームがある。しかもアメリカン・リーグではなくナショナル・リーグなので、趣の異なる組み合わせである。

この両チームは歴史的な経緯が興味深い。かつてはニューヨーク・ジャイアンツとブルックリン・ドジャースであり、ニューヨークに本拠を置く両者は既にライバル関係にあった。そして戦後のアメリカは多くの経済活動が東部から西部に移動し、西部での人口増加

も著しかったので、この2チームが1950年代後半に西海岸の大都市であるサンフランシスコとロサンゼルスに移ったのである。

人口規模としてはロサンゼルスのほうがサンフランシスコより大きいが、サンフランシスコ、特にその南部地域はシリコン・バレーとして今ではアメリカIT産業の中心地であり、経済の繁栄を誇っている。両都市は経済的にもいい意味でのライバル関係にあるといってよい。

一つの都市に異なるリーグのチームがあると、似たような対抗戦が発生する。もっとも有名なのは、ニューヨークの「サブウェイ・シリーズ」である。ジャイアンツとドジャーズがニューヨークから西海岸に移った後の1962年に、ナショナル・リーグの球団として発足したニューヨーク・メッツと、アメリカン・リーグのヤンキースとの間の交流戦である。現地では地下鉄を乗り継ぐことで両チームの本拠地球場を行き来できるので、「サブウェイ・シリーズ」という名前が付いたのである。

球団設立当初のメッツはとても弱く、お荷物球団とも呼ばれたほどだったので、ヤンキースという強豪チームの相手にはならなかった。しかし、1969年にワールドシリーズを制して「ミラクル・メッツ」と称されてから人気球団となる。1997年にナリーグとアリーグの交流戦が始まると、「サブウェイ・シリーズ」は極めて注目度の高いダービー・マッチの試合となった。２０００年のワールドシリーズはこの両チームの激突となり、ヤンキースが４勝１敗でメッツを下した。

ボストン・セルティックスとロサンゼルス・レイカーズ

アメリカのプロバスケットボール（ＮＢＡ）を代表する2チームであり、１９４７年から２０１９年のほぼ70年間に、セルティックスは全米ファイナルで17回、レイカーズは16回の優勝をしている名門チームである。これに次ぐ優勝チームがシカゴ・ブルズとサンフランシスコのゴールデンステート・ウォリアーズの6回なので、いかにこの両チームが強豪チームである（正確に言えばあった）ことがわかる。ＮＢＡに関してはまだ日本語の文献がなく、英文の文献に頼るしかない。代表的なものとしてＮＢＡの百科辞典が有用である。

日本でもテレビ報道のあるアメリカ大リーグの野球と比較すると、ＮＢＡはまだそれほど日本では知られていないので、ＮＢＡのことを少し書いておこう。北米には4大プロスポーツ（アメリカン・フットボール、野球、アイスホッケー、バスケットボール）があるが、人気度からするとアメフトとともに1～2位を争うスポーツである。東西の二つのカンファレンスがあり、両地区の優勝チームがファイナルで全米1位を目指して優勝を競うのである。

セルティックスという名称はケルト人という意味である。アメリカの移民地がボストンを中心としたニュー・イングランド地方でスタートしたときに、スコットランドやアイルランドのケルト人が最初に移住してきたことを象徴している。チームの黄金時代は1950年代から1960年代にかけてであり、この時期に11回ほど全米1位になっているので、最強のチームであった。しかも西地区を代表したレイカーズとファイナルを何度も戦ったので、この時期にボストン・セルティックスとロサンゼルス・レイカーズのダービー・マッチが定着したのである。現在は最強のチームの色を失い、弱いチームとまでは言えないが、プレーオフの試合に出られるかどうか、そこそこの成績しか残していない。

一方のレイカーズは、もともとは湖の多いミネアポリスに本拠地があったのでレイカーズという名称であった。1960年にロサンゼルスに移ったが名称はそのままを続けた。レイカーズの黄金時代は1980年代に始まり、それは20世紀末まで続いたが、現在は低迷の時期にいる。有名な選手としてはマジック・ジョンソンと称されたアーヴィン・ジョンソンがいた。

このように記述してくると、バスケットボールのプロチームの今は群雄割拠の時代なのであり、例えばマイケル・ジョーダンで代表されたシカゴ・ブルズなどが強いのである。ボストン・セルティックスもロサンゼルス・レイカーズも過去に栄光時代があったということになる。なんとなく昔はとても強かった巨人と阪神の姿にやや似た点があるのに気が付く。現在ではその過去の栄光で人気を保っているとも解釈できる。今でもセルティックスとレイカーズ戦は「ダービー・マッチ」として人気を博しているのは過去の人気にプラスして、東部地区のボストンと西部地区のロサンゼルスという代表的大都市のチームという事情のあることとは、東京（巨人）と大阪（阪神）という東西の大都市という特性を共有しているのである。

レアル・マドリードとFCバルセロナ

サッカーに眼を向けてみよう。スペインを代表する二つのチームによるダービーは、イギリスにおけるマンチェスター市内に本拠をかまえるマンチェスター・ユナイテッドとマンチェスター・シティのように地域を共有するチーム同士のマッチではない。「ナショナル・ダービー」とも呼ばれるように、同じ国でありながら地域の異なるチームによる争いである。前述したボストン・レッドソックスとニューヨーク・ヤンキースとのライバル関係に近い。スペインのマッチなので「エル・クラシコ」と称され、スペイン、いや世界を代表するダービー・マッチである。

この両チームは豊富な資金力を生かして、世界中からスター選手を高給で集めている。スペインの国内リーグであるリーガ・エスパニョーラのタイトルのみならず、ヨーロッパ（UEFA）チャンピオンズリーグやFIFAクラブワールドカップといった国際的なクラブ対抗での優勝も多い。レアル・マドリードはジダン、ベッカム、ロナウドなど、FCバルセロナはロナウジーニョ、シャビ、メッシなどの大スターを抱えていた。

スペインのダービー・マッチの熱狂ぶりを語るには、背景にある社会・経済のことを知っておく必要がある。具体的には、マドリードとバルセロナという大都市（とその周辺地域）は、あらゆる面でライバル関係とみなせる要素が多く、それが両チームのライバル関係を一層際立たせるからである。どことなく東京と大阪のライバル関係を思い出しながら読んでほしい。

バルセロナのあるカタルーニャ（現地語・英語ではカタロニア）州は、国民主義、民族主義、民主主義の立場から、スペインからの独立運動が常に存在していた。

中世の時代においては、独自の言語と文化を持つカタルーニャは独立の王国を持っていたが、15世紀にスペイン王国に統合された。その後1939年に独裁者フランコによってカタルーニャは完全にスペインの手中に入り、自治は大きく制限された。しかも、独自の言語の使用を禁止されるという弾圧も受けた。しかし1975年にフランコが死去すると、スペインの民主化は進行し、カタルーニャにも自治権が与えられたし、言語の使用や独自文化の復興も認められた。

しかし2010年あたりからカタルーニャで再びスペインからの独立運動が起こるようになった。その動機にはいろいろある。第1に、民衆がカタルーニャの言語・文化を強く意識するようになった。第2に、この地域の経済が結構強く、スペイン経済全体の不振の中で、自分たちの地域経済の繁栄を独自に続けたいと思うようになった。換言すれば、自分たちの強い経済はスペイン全体の弱い経済をこれ以上助ける必要はない、と思うようになった。第3に、スペイン中央政府がカタルーニャの独立運動の兆候を危惧して、カタルーニャの自治を制限する動きに出るようになった。このようにしてカタルーニャ民衆の独立運動がますます盛んになっていったのである。

２０１４年から２０１８年にかけての、地域内での住民投票や州議会選挙によって、独立派が多数を占めるようになったので、独立運動は一気に高まることとなった。しかしスペイン中央政府は、独立が憲法違反であるとの方針の下に、独立を認めないどころか、州政府の首相を国外逃亡にまで追い込むような強硬手段を取ったのである。

現在、独立運動は混沌としているといってよい。民衆の中では独立賛成派と反対派の比率がほぼ拮抗しているので、今後の予想は困難である。独立せずにスペイン、あるいはEU（欧州連合）にとどまっているほうが経済的に好ましいと思う人々も、かなり存在しているのである。独立したら人口約７５０万人の小国になるので、たとえ地域内の経済は強くとも、グローバル化から取り残されるかもしれないと危惧する人々である。

しかし筆者は別の見方をしている。それは最近のイギリスのEU離脱である。国内のスコットランドではイギリスからの独立を目指す一派が約半数存在している。こういう人々はEU残留を望んでいるのが大半であり、独立をしてスコットランドは独自にEU加盟を図る可能性がある。

もしスコットランドがイギリスからの独立に成功すれば、カタルーニャの人々もスペインからの独立を強硬に望むかもしれない。そして独自にＥＵに加盟する策を求めるかもしれない。とはいえこの案には一つの障害がある。イギリスはもうＥＵ加盟国ではないので、スコットランドの加盟にイギリスは反対できないが、スペインはＥＵ加盟国なので、カタルーニャの加盟に強硬に反対するかもしれない。すなわち、カタルーニャには二つの壁がある。一つはスペインからの独立を果たせるか、二つは独立後にＥＵに加盟できるか、である。

このように、歴史的にも現代においても、カタルーニャは他のスペイン地域とは別の立場にいたいという思いが強い。従って、人々は首都のマドリード、あるいはスペイン政府に対して反感が強いのである。サッカーチームにおいても対立が深まるのは当然となる。

こうして「エル・クラシコ」は、両者のスポーツ上の高い技術に裏付けられた勝敗の争いと、背景にある社会・経済の反目意識により、世界でも稀に見るライバル関係による大熱狂を見せるのである。

JリーグやBリーグのローカル・ダービー

アメリカ大リーグのボストン・レッドソックスとニューヨーク・ヤンキース、スペインのレアル・マドリードとFCバルセロナのダービー・マッチは、一国内で地域が異なるライバルチームであるが、日本のサッカーやバスケットボールのプロスポーツにおいては、地域を共有するライバルチームによるダービー・マッチが目立っている。これは「ローカル・ダービー」と称してもよい。

細かいことを述べずに代表例を挙げてみよう。サッカー王国の静岡県では「静岡ダービー（清水エスパルス対ジュビロ磐田）」「さいたまダービー（浦和レッズ対大宮アルディージャ）」「大阪ダービー（セレッソ大阪対ガンバ大阪）」などがある。これらのチームによるダービー・マッチであれば、ライバルチームが間近にいるので否が応にも対抗心は高まるし、チーム同士の闘いには地元の多くの観衆が集まっており、興行的にも成功している。

実はバスケットBリーグでも愛知県内における尾張地区の「名古屋ダイヤモンドドルフィンズ」と三河地区の「シーホース三河」もダービー・マッチと称してよいほどのライバル心丸出しの闘いを行っている。この両チームのライバル心は、戦国時代の尾張対三河の政治・経済の覇権争いからスタートしている歴史があり、経済・社会上の対抗観が現代の名古屋市の鉄鋼、機械、電器の工業と、豊田市のトヨタ自動車の対比という側面も有しているのである。東京（巨人）と大阪（阪神）の経済の覇権争いと似た点があると言ってよい。もっとも東京と大阪は地域を異にするライバルなので、ボストンとニューヨーク、あるいはマドリードとバルセロナのように地域を異にする「ナショナル・ダービー」とみなしたほうが好ましい。

2 阪神と巨人の人気は続くか

女性に人気のないプロ野球

巨人と阪神は東京（関東）と大阪（関西）の地域としてのライバル関係の後押し、両チームともに古豪であることに加えて強いチームだったし、球界を代表する選手を多く輩出してきたので、球界人気を二分する球団として君臨してきた。それが今後も続くかどうかがここでの関心事である。

まず日本人がどのプロスポーツを好みとしているかを知っておこう。図5－1は、現代においてどのプロスポーツが好きであるかを示したものである。それによると第1位の人気はやはりプロ野球の42・8パーセントである。20年以上もトップ人気を占めたので底強い人気のプロ野球である。第2位のプロサッカーの22・8パーセントを20ポイントほど離している。ちなみに第3位は大相撲の20・1パーセント、プロテニスが19・8パーセント

図5-1　好きなスポーツ

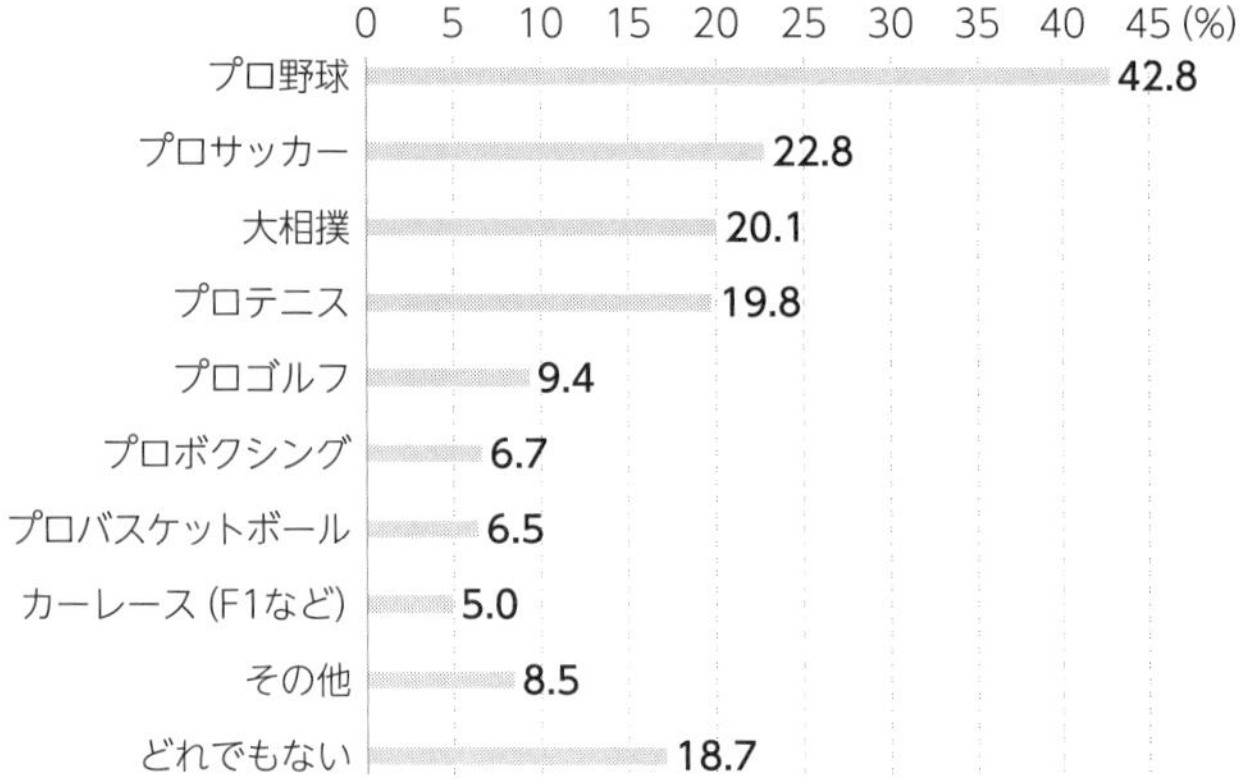

出所：一般社団法人　中央調査社による調査　2019年6月

と続いている。

　このアンケートは2019（令和元）年のものなので、プロテニスの錦織圭《にしこりけい》選手が世界的に活躍した頃は3位であったが、今は大相撲が3位で、プロテニスは4位である。さらに、現在は第7位に甘んじているが、バスケットボールに関してはごく最近にアメリカNBAでドラフトされた八村塁《はちむらるい》選手が現れて人気が上昇中である。さらに、2019年度にはラグビーワールドカップが異常な人気を博したので、セミプロであるラグビーのトップリーグは2020年度以降であれば、人気のトップテンに入るかもしれない。とはいえプロ野球が日本人に根付いた最高の人気を誇るスポーツという不動の地位を占めるのは間違いない。

ところが年代別、性別に人気スポーツを評価するとやや異なる様相を知ることができる。NHK放送文化研究所が年齢別と性別に「日本人の好きな見るスポーツランキング」を公表している。少し古いが、この間に大きく変化はないと思われるのであり、年齢別と性別の特色がよくわかるので、図5－2で示しておこう。

まず衝撃的な事実は、男女別によって好きなスポーツがかなり異なるのである。男性は30～59歳と60歳以上ではプロ野球人気が断トツのトップであるが、16～29歳という若手に限ればサッカーに第1位を譲り、プロ野球は2パーセントポイントの差にすぎないが第2位に甘んじている。男性であれば若手はサッカー、中高年はプロ野球という人気の高さに違いがある。

むしろ強烈な印象を与えられるのは女性の好みである。どの年代もプロ野球はトップにいないし、16～29歳の若手であれば第6位の16パーセントにすぎないし、30～59歳の中年であればなんと24パーセントの第7位である。かろうじて60歳以上の高年で43パーセントの第2位を占めている。

なぜ女性にプロ野球の人気がないのか、それは他の人気スポーツを見ることによって一

図5-2　年代別、性別に見た「見るスポーツ」のランキング

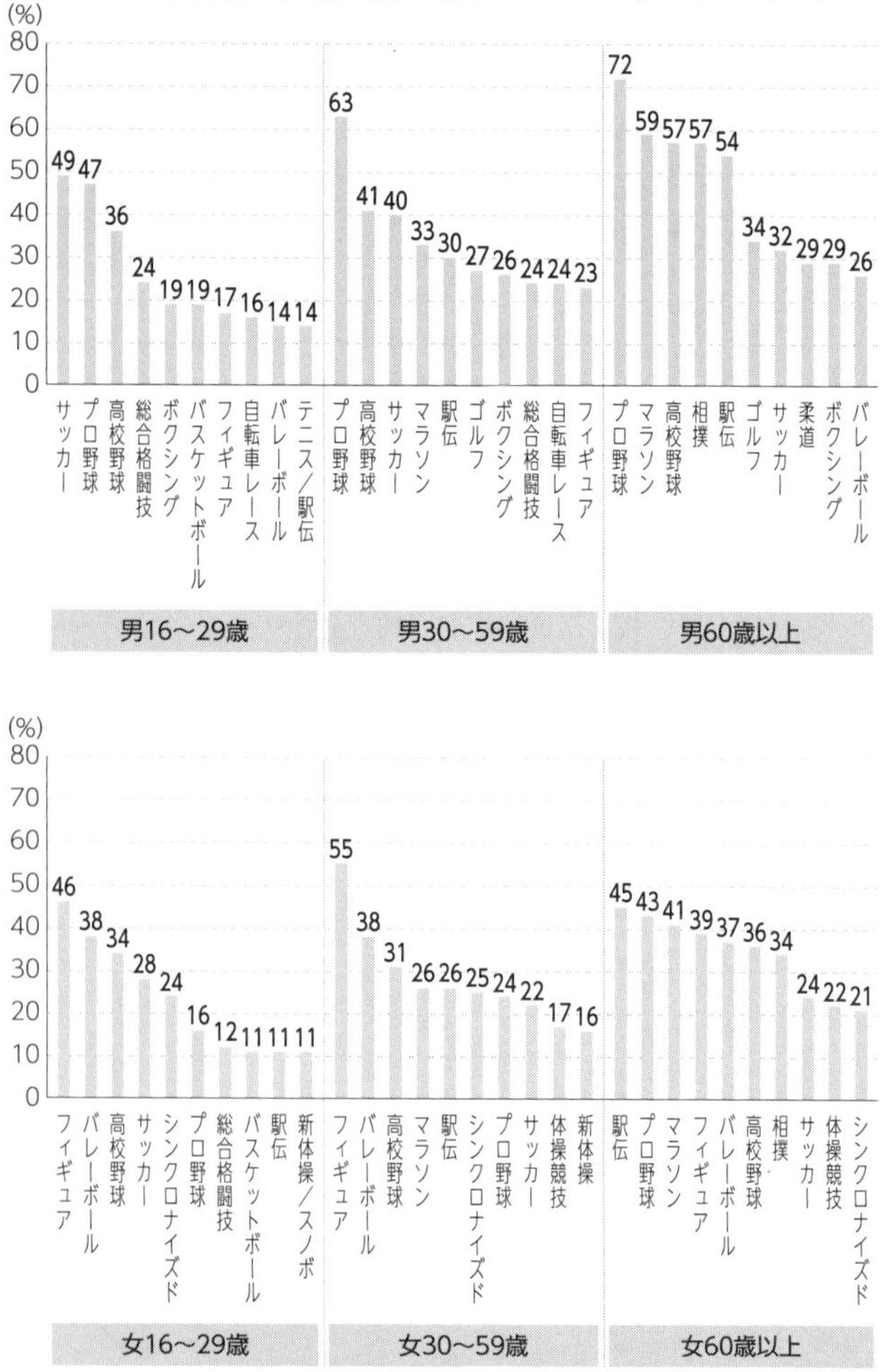

出所：NHK放送文化研究所世論調査部「日本人の好きなもの」2008

目瞭然である。

フィギュアスケート、バレーボール、などは見た目が美しいものである。シンクロナイズドスイミング（２０１８〈平成30〉年から名称をアーティスティックスイミングと変更）、新体操などがランクインしていることもそれが支持されている。野球やサッカーのように力強さを大切にするスポーツは男性に好まれ、見た目の美しさを大切にするスポーツは女性に好まれるのである。とはいえ、女性でも野球やサッカーはランクインしているので、男が好みとする力強さを愛好する女性も多少は存在するのである。

以上をまとめると、国民の愛する、そして見たいスポーツはプロ野球であることに間違いはないが、それを支えているのは中高年男性ということになる。若手の男性と女性一般からは最高の人気スポーツとみなされていない。プロ野球関係者は、プロ野球はオジサンの好むスポーツであり、これからは若者と女性から人気を獲得できるような施策を考えるべきであろう。

そのヒントは二つある。第１は、この図によって高校野球は性別、年代を問わず高い人気を博している事実を活かす案である。当然のごとく高校野球はアマチュアスポーツ、プロ野球はプロスポーツなので、両者が共同のタッグを組んで振興策を行うといったことは不可能である。しかし、野球という基盤は共通なので、高校野球が繁栄すれば野球というスポーツ全体の繁栄につながることは確実である。

もう一つのメリットは、高校野球でのスター選手は将来プロ野球の選手になる確率が高いので、そういう選手をうまく育てる術を野球界全体で考えることが期待される。

第2は、女性を球場に誘うための策として、バスケットボールのプロチームが採用している策を参考にする。橘木（2019）が示したように、いくつかのプロバスケットボールチームは、試合会場に幼児を預かる場所を設けたり、種々の行事（例えばチアダンスの公開競技など）を同時に行って、女性と子どもを含めた家族が一緒に試合会場に来てくれるような施策を実行している。

プロ野球界繁栄のための改革案

本来ならばプロ野球全体の繁栄を期するための政策をここでも論じるべきであるが、関心のある方は筆者による『プロ野球の経済学』（東洋経済新報社、2016年）を参照されたい。詳しくはそれに譲り、いくつかを簡単にまとめてみよう。

第1に、スポーツマーケティング基礎調査（2010）によると、プロ野球への不満の一つは、「スピード感がないし、1試合がダラダラと長い」というものにある。今やプロ野球は平均試合時間が3時間20分から30分というからとても長い。高校野球は2時間前後で終了するのであるから、この皆が多忙な時代に、球場やテレビの前で長時間も観戦できないのである。いくつかの改善策を指摘しておこう。今のプロ野球は、監督やコーチが投手や打者のところに行って相談と指示を与えることが多いし、その時間も長い。それを回数と時間で制限を厳しくしたい。バッターは一度バッターボックスに入ったら、ボックスを離れることを禁じる。ピッチャーの投げる一球と一球の間の時間を20秒程度にする。ピッチャーの交代のときのウォーミングアップの時間を短くする、等々が考えられる。アメリカ大リーグや日本の高校野球でも行っていることなので、日本のプロ野球でも可能である。

第2に、セ・パ交流戦の回数をもっと増やすべきである。一時はかなり多い交流戦の試合数であったが、それは今や減少されてしまった。日頃それほど見ないチームとの戦いや、他のリーグのスター選手を見られるので、ファンにとっては楽しみの機会である。

第3に、ファンは選手の真剣にプレーする姿に感動するのである。高校野球にあれだけの人気がある最大の要因は、選手がひたむきにプレーするからである。プロ野球には時折「捨てゲーム」などがあって、選手がダラダラすることがある。高い入場料を払って球場まで来ている人に失礼である。

第4に、クライマックスシリーズ改革案のところで、述べたことであるが、プロ野球のチーム数の増加策を真剣に考えてほしい。北海道日本ハムファイターズの札幌、東北楽天ゴールデンイーグルスの仙台、福岡ソフトバンクホークスの福岡進出は大成功であった。候補の都市名もそこで挙げたが、橘木（2019）の指摘に待つまでもなく、地方活性化の鍵はプロスポーツの誘致である。地元経済界と住民の支援を得て、地方の人々の楽しむ機会を与えてほしい。

阪神と巨人の人気は保てるか

ではここで本題の巨人と阪神に特化しよう。図5-3は2019（令和元）年の現在の12球団別の人気度を示したものであり、表5-1は、それを地区別に示したものである。この二つの図表から日本のプロ野球の球団を評価するに際して、様々な興味ある事実を知

図5-3　一番好きなプロ野球チーム

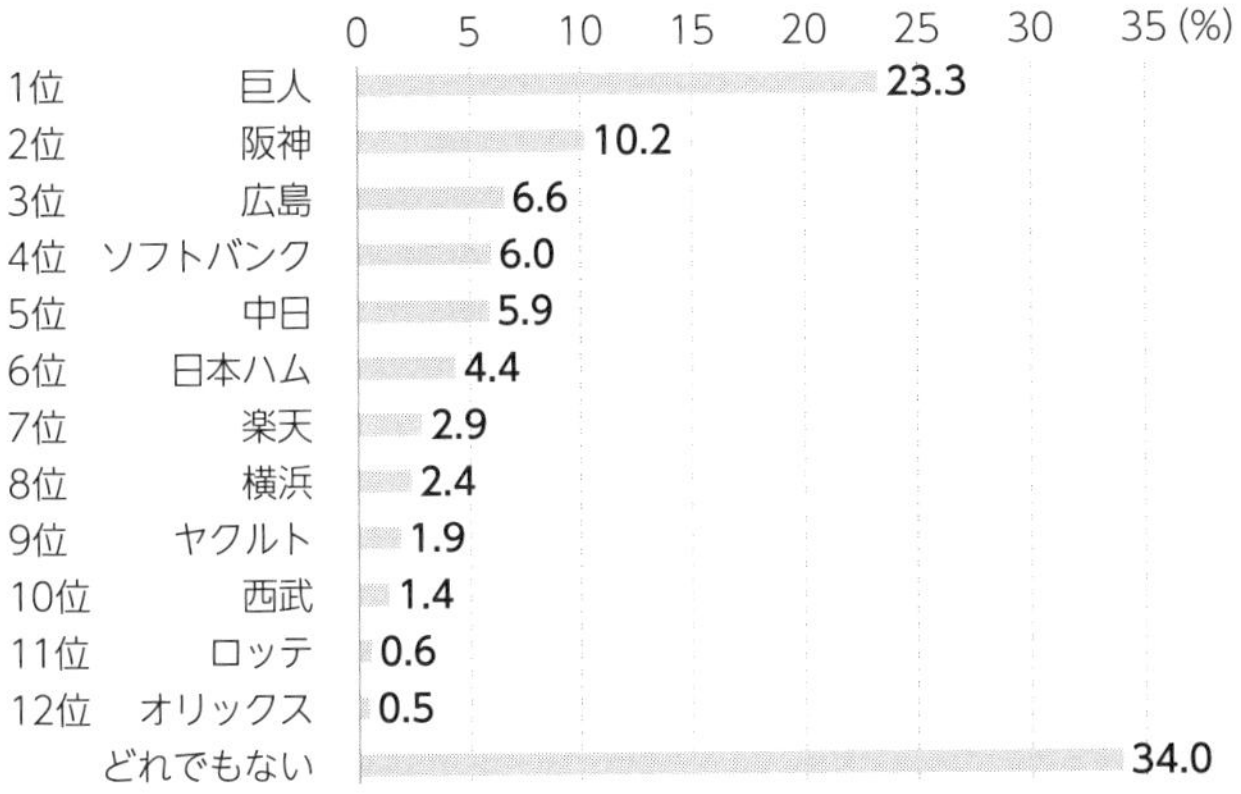

出所：一般社団法人　中央調査社による調査　2019年6月

表5-1　地区別・好きなチームベスト3

	北海道		東北		関東・京浜	
1位	日本ハム	65.4%	巨人・楽天	29.2%	巨人	32.6%
2位	巨人	11.5%			横浜	5.8%
3位	阪神・広島・中日・オリックス	1.9%	広島	3.4%	広島	5.6%

	北陸・甲信越		東海		近畿・阪神	
1位	巨人	31.0%	中日	38.6%	阪神	41.4%
2位	広島・ヤクルト	4.8%	巨人	16.3%	巨人	15.2%
3位			阪神	3.9%	広島	2.6%

	中国		四国		九州	
1位	広島	46.7%	巨人	25.6%	ソフトバンク	41.7%
2位	巨人	17.3%	阪神	18.6%	巨人	14.6%
3位	阪神	5.3%	広島	14.0%	阪神	4.2%

出所：一般社団法人　中央調査社による調査　2019年6月

ることができる。

第1に、やはり巨人が23・3パーセントのダントツのトップ人気を誇る。野球ファンは12球団ある中で、約4分の1弱が巨人ファンということを意味しており、ものすごい人気を誇る球団なのである。なぜ巨人を好むのか、本文で詳しく論じた。一昔前には「巨人、大鵬《たいほう》、玉子焼き」というやや揶揄《やゆ》を込めた言葉があったが、巨人の人気は衰えていない。

この人気の高さの裏にある事実が重要なので、そのことを論じておこう。それはこれほどの高い人気を誇る球団の巨人であれば、他の球団を好む人からすれば「憎きチームは巨人」という思いを持つ人が多くなることが想像できる。常勝チームを倒したいと思う人は、残念な思いをしている他のチームのファンから多く出ることは、人間社会の常である。ここには「嫌いなチームはどこか」という質問がないのでそれを数字で確認できないが、世の中には「アンチ巨人」が多いことはよく知られている。

第2に、阪神の人気度は10・2パーセントで巨人に次いで第2位なので、巨人と阪神が日本のプロ野球ファンを二分する球団であることが確認できる。なぜ阪神が第2位であるかは本書で詳しく論じたので、ここでは再述しない。

むしろここから得られる興味ある事実として次の二点を指摘しておきたい。まずは巨人は阪神よりも2倍ほどの人気度の高さなので、かなりの差があるということ。さらに、世の社会の常として第2位は第1位に対して格別の対抗心を抱くのが普通なので、阪神ファンが巨人に対して格別のライバル心を持っていると主張できる。これはプロ野球界の発展に寄与することにつながるので、別に悪いことではない。

第3に、巨人と阪神に次ぐ人気チームは、広島の3位、球界の盟主になりつつあるソフトバンクの4位、東海、北海道で高い人気を誇る中日、日本ハムが5位から6位を占めていて、かなり人気の高い球団である。逆にヤクルト、西武、ロッテ、オリックスといったチームは1パーセント前後であり、人気の程度はかなり低い。これらはすべてが関東と関西のチームであることに留意したい。逆に言えば、関東では巨人、関西では阪神が人気の一人占めをしているので、他球団の人気は非常に低くなるのである。しかしこういう不人気球団を好きとする人々は、弱いチームあるいはダメなチームを逆に熱烈に応援する人々である、と付記しておこう。

第4に、地区別に好きな球団名を示した表が特に興味深い。もっとも重要な情報は、各地区においてもっとも人気の高いチームは、その地区に本拠地をおく球団である、という法則を見事に確認できる。言うまでもないが、北海道の日本ハム、関東・京浜の巨人、東海の中日、近畿・阪神の阪神、中国の広島、九州のソフトバンクである。特にダントツの人気を示すのが、北海道の日本ハム、近畿・阪神の阪神、中国の広島、九州のソフトバンクである。これらは地元の人々がいかに地元チームを応援しているかを物語っている。

一方の例外は東北の楽天である。巨人と同位であるし、プロ野球チームのない北陸・甲信越は巨人がダントツのトップ、そして四国はまずは巨人、次いで阪神である。さらに、巨人と阪神はどの地区においても、地元チームに人気度でかなり引き離されているが、2位か3位に入っているので、この両チームは全国的な人気チームであることを物語っている。特に巨人の人気が地方で高いのは、テレビの東京キー局（日本テレビ）が巨人戦を放送していたので巨人ファン層が増加した。しかし今日では巨人のテレビ放送は激減しているので、今後を予測すれば巨人の全国でのファンの数は減少に向かうであろう。

以上をまとめると次のようになろうか。

巨人と阪神は球界の二大人気球団であったが、巨人の人気度は少し低下すると予測できる。まずは地方のチーム（ソフトバンク、広島、中日、日本ハム、楽天）が強くなり、その地区でそれらのチームを応援する人が従来のその地区での巨人ファンを奪うだろうと予測できる。阪神は大人口を抱える京阪神の唯一のセリーグ球団なので、人気が衰えることはないであろう。問題は関東地方には、巨人以外に横浜、西武、ヤクルト、ロッテとチーム数が多く、現在では巨人が随一の人気球団として君臨しているが、それでよいのかといった疑問が残っている。

阪神と巨人のライバル関係は重要である

今後を予測すれば、巨人のファン数は多少減少するかもしれないが、日本のプロ野球において巨人と阪神のライバル関係は、今後においても重要な地位を占めるものと予測できる。とはいえ過去のようにセリーグの1位と2位を争うようなレベルの高い闘いの姿ではないかもしれないが、本章で強調したように、ライバルチーム間のダービー・マッチはプロスポーツにおいてとても重要な役割を演じるのである。

特に、大阪の経済的な地位が低下して、東京一極集中の進んでいる東京（関東）と大阪（関西）の関係において、巨人と阪神のライバル関係は両地域の代理戦争の象徴となっているからである。両チームのライバル関係を際立たせる方策はいかなるものがあるのか、いくつか提案しておこう。

第1に、両チームが強くなることがダービー・マッチの役割をさらに高めるし、人気度が上がることにつながることは間違いない。過去の両チームは巨人が阪神より強かったとは確実であるが、両チームとも1位と2位を争うほど強いチームであった。これが人気の重要な一要因でもあったので、再び両チームが強くなることに期待したい。特にセリーグがパリーグよりも弱いのが現代のプロ野球界なので、パリーグに追い付くためにも巨人と阪神に期待したい。

第2に、それ以上に重要なことは、過去の巨人対阪神戦は、沢村vs景浦、川上vs藤村、長嶋・王vs小山・村山・江夏、江川vs小林、江川vs掛布、クロマティvsバースといった、とても抜きん出た大スターによる個別のライバル対抗が、両チームのファンを興奮のるつぼに追い込んだ。これらの対決が両チームのファンのみならず、野球ファン全体の人気を大いに高めたのである。ところが現代ではスター選手はいるにはいるが、ここで列挙したような大スターは存在していない。昔と違って今では大スター、例えばイチロー、松井秀喜、田中将大《まさひろ》、大谷翔平のようにアメリカ大リーグに行ってしまうことが大スター不在の一要因である。

なぜ過去のようなものすごい大スターが巨人、阪神のみならず野球界に誕生しなくなったのか、第1の大リーグへの移籍に加えて、他の理由を簡単に指摘しよう。

第2に、一昔前のプロスポーツは野球だけであったとみなしても過言ではなかったが、今ではサッカー、バスケットボール、そして将来はラグビーと、スポーツは各分野で花盛りなので、運動能力に優れた人材が野球ばかりに集まらなくなっている。

第3に、野球選手の分業化が進展して、投手も先発・中継ぎ・抑えと分業したので、大エース不在の時代となった。野手も打撃に強い人、守備に強い人、走塁に強い人などの分業が進行中である。打者に関しても、一昔前はホームランもヒットも万遍なく打てる選手がいたが、今ではホームランバッター、ヒットメーカーと区別されつつある。そういう時代であれば、過去のようななんでもできる大スターの誕生は限られている。

第4に、第2のことと多少関連しているが、勝利至上主義が強くなったので監督の細かい作戦が重要となり、選手が自由に振る舞える時代ではなくなった。必要なときに選手が交代させられる機会が増えたし、選手も監督の指示に従うようになり、昔のように自分勝手に自由奔放にプレーするという大スターの出現は期待できない時代になっている。

巨人と阪神を含めたプロ野球チームが勝負を競い、勝利を得たときのファンの喜びの格別さは健在なので、巨人と阪神が人気を保つのは予想できる。特に巨人vs阪神のライバル関係は東京（関東）と大阪（関西）のライバル意識の代理戦争という色彩を帯びているので、両チームが熾烈な争いを続けることはそれぞれのファンを喜ばせるのみならず、プロ野球界全体の活性化に役立つのである。

「阪神vs巨人」は日本社会を活性化

世界のスポーツ界におけるライバルチーム間の話題や、日本におけるスポーツ界のライバルについて論じてみた。本書の話題の中心は当然のごとく、巨人対阪神であった。これらライバル関係は、当該チームのファンにとってはとても刺激の強い関心事として熱狂するのは自然である。

ところがそれはそのチームのファンのみならず、そこに住居を構える人々にとっても関心を呼ぶライバルとなる。東京と大阪の人々、たとえスポーツに関心のない人にとっても、なんとなく巨人と阪神の動向に注目するだろうし、陰ながら応援することもある。その例を新聞社、大学、お笑い芸能などを例にして論じてみた。

もう一つのライバル関係のメリットは、そのチームのファンやそこに住む人々だけではなく、他のチームのファンや、関東・関西以外に住む人々に対しても、関心を呼ぶ可能性がある。例えばスペインのサッカー試合での「エル・クラシコ」、すなわちレアル・マドリードとＦＣバルセロナの対決は、全スペイン人が興奮する試合となっていることでわかる。

だからこそ、巨人対阪神のライバル関係は、プロ野球界のみならず、日本のスポーツ界、そして日本社会の活性化の重要な一翼を担っていると言っても決して過言ではないのである。

あとがき

『阪神vs巨人 「大阪」vs「東京」の代理戦争』いかがだったでしょうか。野球に関する書物は、野球を実際にプレーした監督や選手による書物と、マスコミなどで日頃プレーを観察している新聞・雑誌の記者やテレビ関係者による書物、そして野球をこよなく愛するが実際にはプレーをしたことのない熱烈なファンによる書物の3種類に区分される。当然のことながら本書は最後のグループに属する。

従って本書は野球の技術面からの記述に乏しく、その点で物足りない面があるだろうが、筆者の野球へのコミットは尋常ではないことを述べておこう。甲子園球場の近辺に生まれたので、子どもの頃から甲子園球場の高校野球と阪神タイガースの試合にはよく通った。何を隠そう、今でも虎キチである。テレビで高校野球、プロ野球、そして大リーグの試合を連日のように観戦する野球狂である。実地観戦もよくするが、筆者の秘かな誇りは日本のプロ野球チームの本拠地球場には全部足を運んでいるし、アメリカの大リーグの球場にもいくつか訪れている。

筆者の専門は経済学なので、野球あるいはスポーツを経済学からの見地と、かなり勉強した社会学・教育学の見地からいろいろ研究して、書物をも出版している。本書でもこの特質を活かせるように、阪神vs巨人、「大阪」vs「東京」を評価してみた。

本文でさほど論じなかったことをここでいくつか記してみたい。ここでは両チームに共通する話題や、両チーム以外との関係についての記述になっているといえようか。

第1に、阪神も巨人も人気球団だけに勝負にこだわる面が強いし、金銭面も豊富なので、自分のところでの生え抜きを育てることよりも、他球団からのトレードやFAでの移籍に頼る傾向がある。この傾向は最近になって顕著なことである。一昔前は川上哲治・長嶋茂雄・王貞治・江川卓・原辰徳という巨人の生え抜き、阪神では藤村富美男・小山正明・吉田義男・村山実・江夏豊・掛布雅之・岡田彰布という選手がチーム内で育っていたので、生え抜きを大切にしてきた。しかし今はトレードやFAに頼るのが傾向である。

巨人であれば、古い時期なら張本勲《はりもといさお》、落合博満、清原和博、時代が進んで広島から江藤智、川口和久、ごく最近では丸佳浩といった選手が該当する。そういえばヤクルトから広沢克実、日ハムから小笠原道大《みちひろ》、横浜から村田修一も獲得した。巨人は各チームの4番バッターを奪い取るチームとまで言われたほどである。阪神においても、古い時期では山内一弘、江本孟紀、真弓明信、最近では広島から金本知憲、新井貴浩、オリックスから糸井嘉男、西勇輝などの名前が浮かぶ。選手側にも人気球団で高い俸給を得たいとの希望があり、それを完全否定するつもりはない。

あえてここで広島カープの名前を挙げたのは、この球団は市民球団であり資金が乏しいので、優秀な若手を比較的安価で獲得し、自前で猛烈に訓練して良い選手に育てて、強い球団となった正統派の球団だからである。一人前の選手になると、不幸にして巨人や阪神という金満球団に奪い取られるという悲劇を繰り返している。筆者の好みは巨人・阪神方式よりも広島方式である。

ではなぜ巨人や阪神でそう多くの優秀な若手が育たないのか、いくつかの理由を指摘できる。第1に、人気球団だけに少しの活躍でマスコミやまわりがチヤホヤするので、練習の虫にならずに、例えば夜遊びなどにうつつを抜かす可能性がある。最近のコロナ騒動において、阪神の若い選手数人がパーティーで遊びほうけて、コロナに感染した例を思い出してほしい。ついでながら巨人の2選手も感染したので、ここでも阪神と巨人である。

第2に、若い頃から選手に高い報酬を出すので、人間は多くのお金を持つと必死になって励む姿勢を失う可能性がある。両球団には豊富な資金があるので、ついつい若手にも高給を出してしまうのである。

実はこの二つは経済学の論理からも解釈できる。広島カープの若い選手のように、高い報酬ではなくてまわりからもチヤホヤされなければ、人間はそれを得ようと必死になって努力する習性を有している。巨人や阪神の若い選手は、過剰な人気と高い報酬を得ているので、実は経済学からするとインセンティブを失う可能性がある。日本企業成長の秘密の一つは、若い年代にそう厚遇をせずに、皆を競わせておいてからその中から優秀な人を選ぶという人事政策を取っていたことを記しておこう。

第3に、巨人も阪神も監督やコーチを選ぶとき、生え抜き重視が方針としてある。特に球界の盟主である巨人にその傾向が顕著である。さらに両チームのOBは他チームのコーチ・監督になったり、マスコミで活躍する人が多く、引退後のキャリアとして有利な面がある。これらのことをプロ野球を目指す高校生・大学生もよく知っているので、人気球団の巨人以外の球団からのドラフト指名を断るケースがある。代表例は本書でも取り上げた江川卓である。しかも巨人の現役中に他球団へのトレードを言い渡されたとき、それを拒否するケースもたまにある。代表例は現ヘッドコーチの元木大介である。彼は実はドラフトも巨人以外を拒否している。

第4に、現代のプロ野球界における最大の盟主は福岡ソフトバンクホークスとされる。

12球団中の最強のチームであることが最大の理由であるし、選手の年俸総額も1位である。これにセリーグの巨人と阪神が、人気度を加味して年俸総額を考慮すると、3チームが盟主となる。

ここでプロ野球においてサラリー・キャップ制が導入可能であるかどうかを検討してみたい。サラリー・キャップ制とは、選手に高額のサラリーを払っている球団には上限を設定して、それを超える額はリーグに拠出する、という制度である。アメリカのプロフットボールやプロバスケットボール界が導入している。アメリカ大リーグでも似たような贅沢税という制度がある。競争主義を賛美するアメリカでも、球界全体の発展を期する声は強いのが意義深い。言うまでもなく高い俸給を支払っているチームは、多分選手の実力が高いのであるから、必然的に強くなる。もとより強いから高収入の球団になるので、選手に高い俸給を払える、という逆の因果関係もある。サラリー・キャップ制はチームの実力を均衡させるために、強いチームに拠出を迫るのである。もとより年棒の高騰を防ぐ目的もあるが、チームの戦力を均衡させることによって、できるだけ一方的な試合を排したり、極端に強いチームや弱いチームをなくして、スポーツの試合に興味を持たせようとするものである。筆者の好みはサラリー・キャップ制ないし贅沢税の導入支持である。

日本においてはこの声はまださほど強くない。一つの理由は、アメリカほどのものすごい高給取りはまだ日本にはいないからである。この政策には球界の盟主であるソフトバンク、巨人、阪神などが大局的見地に立って、サラリー・キャップを容認する方向に行くことに期待したい。時間はかかるだろうと予測されるが、検討に値する話題である。

筆者の好みは、完全ウェーバー制（前年度の最下位チームから順位の低い順に誰を指名するかの権利がある）によるドラフト制支持と、ＦＡ制度の支持である。完全ウェーバー制は戦力均衡に役立つし、ＦＡ制度は選手に希望球団の選択権を与えることができるからである。詳しいことは橘木（２０１６）を参照のこと。

本書を紐解くことによって、巨人と阪神の長い歴史と、なぜ人気のあるライバル球団になっているかがわかってほしい。この両チームに関連する様々な異質のライバル関係の記述もあるので、阪神・巨人戦を異なった視点からも観戦できるのではないか、と秘かに期待している。

本書は潮出版社の末松光城氏の周到な編集作業によって公刊が可能となった。氏の貢献に感謝したい。しかし残っているかもしれない誤謬や、意見に関する記述の責任は、すべて筆者に帰するものである。

参考文献

荒川博（2010）『王選手コーチ日誌1962－1969　一本足打法誕生の極意』講談社
魚住昭（2000）『渡邉恒雄　メディアと権力』講談社
江川卓、掛布雅之（2010）『巨人―阪神論』角川oneテーマ21
江夏豊（2001）『左腕の誇り　江夏豊自伝』草思社
王貞治（2000）『王貞治　回想』日本図書センター
王貞治（2015）『もっと遠くへ―私の履歴書』日本経済新聞出版社
大森剛（2014）『若い力を伸ばす読売巨人軍の補強と育成力』ワニブックス
川上哲治（1974）『巨人軍の鬼といわれて　わが野球人生50年』読売新聞社
川淵三郎（2009）『「J」の履歴書　日本サッカーとともに』日本経済新聞出版社
ケリー、ウィリアム（2019）『虎とバット―阪神タイガースの社会人類学』高崎拓哉訳、ダイヤモンド社
古森義久・井沢元彦・稲垣武（2002）『朝日新聞の大研究―国際報道から安全保障・歴史認識まで』扶桑社
佐野眞一（1994）『巨怪伝―正力松太郎と影武者たちの一世紀』文藝春秋
澤田隆治（1994）『上方芸能・笑いの放送史』日本放送出版協会
造事務所編（2015）『阪神タイガースの謎』実業之日本社
橘木俊詔、齋藤隆志（2012）『スポーツの世界は学歴社会』PHP新書
橘木俊詔（2016）『プロ野球の経済学』東洋経済新報社

橘木俊詔（２０１９）『「地元チーム」がある幸福―スポーツと地方分権』集英社新書
長嶋茂雄（１９７４）『燃えた、打った、走った！』講談社
並木裕太（２００９）『野球は人生そのものだ』日本経済新聞出版社
野村克也（２０１３）『日本プロ野球改造論　日本プロ野球は、日本産業の縮図である！』ディスカヴァー携書
野村克也（２００６）『巨人軍論――組織とは、人間とは、伝統とは』角川ｏｎｅテーマ21
羽佐間正雄（２０１６）『由伸・巨人と金本・阪神　崩壊の内幕』宝島社新書
塙宣之（２０１３）『巨人軍Ｖ９を成し遂げた男』ワック
別冊宝島編集部編（２０１９）『言い訳　関東芸人はなぜＭ－１で勝てないのか』集英社新書
増田晶文（２０１２）『阪神　ドラフト１位のその後』宝島社
松井優史（２００７）『吉本興業の正体』草思社
松下茂典（２００９）『真実の一球―怪物・江川卓はなぜ史上最高と呼ばれるのか』竹書房
村山実（２０１１）『新説・ＯＮ物語』双葉新書
山田隆道（１９９３）『炎のエースーザトペック投法の栄光』ベースボール・マガジン社
山本進（２０１１）『阪神タイガース　暗黒のダメ虎史』ミリオン出版
吉田義男（２００６）『図説　落語の歴史』河出書房新社
吉田義男（２００３）『阪神タイガース』新潮新書
洋泉社編集部編（２００９）『牛若丸の履歴書』日経ビジネス人文庫
（２０１４）『昭和プロ野球「球場」大全』洋泉社

橘木俊詔

たちばなき・としあき

京都女子大学客員教授、京都大学名誉教授。1943年兵庫県生まれ。小樽商科大学、大阪大学大学院を経て、米ジョンズ・ホプキンス大学大学院博士課程修了。専門は労働経済学、公共経済学。京都大学教授、同志社大学教授などを経て現職。日本経済学会元会長。著書に『格差社会』『老老格差』『東大VS京大』『プロ野球の経済学』『定年後の経済学』『「地元チーム」がある幸福』『女子の選択』『中年格差』など多数。阪神タイガースファン。

潮新書 036

阪神VS巨人 「大阪」VS「東京」の代理戦争

2020年 9月20日 初版発行

著 者｜ 橘木俊詔
発行者｜ 南 晋三
発行所｜ 株式会社潮出版社
〒102-8110
東京都千代田区一番町6 一番町SQUARE
電話 ■ 03-3230-0781（編集）
■ 03-3230-0741（営業）
振替口座 ■ 00150-5-61090

印刷・製本｜ 株式会社暁印刷
ブックデザイン｜ Malpu Design

ISBN978-4-267-02234-0